おいしい！

もくじ

春 心はずむ食卓

- もくじ……2
- 朝ご飯プレート……6
  - グレープフルーツ風味ドレッシングのサラダ
  - ほうれん草とベーコンの炒めもの
  - チーズトースト
  - オムレツ
- 変わりハンバーグ……8
- 新タマと新ジャガのミルクバター煮……9
- 春巻き……10
- サラダ春巻き……11
- お助けダレ……12
  - 豆腐のアジアン風
  - 夏野菜のあげびたし
  - まぐろ丼
- 無国籍かき揚げ丼……13
- 豆腐と春菊のエスニック風刺し身……14
- 鶏肉のみそ漬け……15
- エビと野菜の中華風炒め……16
- 和風ハヤシライス……18
- ウドとゆり根の春サラダ……19
- ピッツァ……20
- ピッツァソーススパスタ……21
- マヨネーズいなり……22
- ちょっとおしゃべり①……24
  - 器の楽しみ

夏 暑さも楽しむ

- そうめんパーティー……26
- ナスのサラダ……28
- イタリア風オムライス……29
- 鶏肉のバルサミコ風味……30
- 韓国風サラダ巻き……32

秋 ささやかなおもてなし

鶏肉と夏野菜のあっさり煮	34
野菜の使い道提案料理	36
にんじんピクルス	
お麩とニラの煮物	
ブロッコリーの芯のスープ	
じゃがいもきんぴら	
簡単エビチリ	38
変わり串焼き	39
スパイシースペアリブ	40
ちょっとおしゃべり②	42
暮らしのコーディネート	

冬 みんなが集うとあったかい

ちょっとおしゃべり③	58
愛用の道具たち	
うなぎのひつまぶし	44
サンマのサラダ風	45
豚トロのワサビじょうゆ	46
手まり寿司	47
ソースカツ丼	48
里芋団子のあんかけ	50
高野豆腐の揚げ煮	51
サケのちらし寿司	52
カボチャの肉みそサラダ	54
スピードグラタン	56
みそマヨソースのパスタ	57
ビールライス	60
牛肉のビール煮込み	61
鶏のサワークリーム煮	62
鶏モモ肉の豆乳煮込み	63
ブリのエスニックサラダ風	64

甘 スイーツ・コレクション

項目	ページ
牛すじ肉のコチュジャン風煮込み	66
ミルク仕立ての田舎汁	68
中華風あんかけ焼きそば	69
クリスマスのオードブル	70
生春巻き	
カナッペ	
貝柱とイクラのレモン添え	
スパイシーチキン	72
クッキーリース	73
ごちそうグラタン	74
ビュッシュ・ド・ノエル	75
フルーツカクテル	
ブドウのショートケーキ	78
まさこ風チーズケーキ	80
アップサイドダウンケーキ	82
スパイシーりんごケーキ＆りんごジャム	84
ホワイトチョコレートのシフォンケーキ	86
ジンジャー風味のパウンドケーキ	88
パンプキンカップケーキ	89
マロンシャンティ	90
桃のコンポート	91
ホットケーキ	92
ちょっとまとめておしゃべり	94
イベントで遊ぶ！	95
デザートバイキング～ウエディング～	96
ホーム・パーティー～サウンド・キッチン～	
お正月～おせちでおもてなし～	
あとがき…に代えて	98
出版によせて	100
主材料別インデックス	102

春

心はずむ食卓

spring

慌しい毎日で、おろそかになりがちな朝ごはん。ときには豊かな気分で味わってみませんか。姪が高校生だった時、よく我が家に泊まりにやってきて、朝必ず注文していたのがこのオムレツ。何度食べても感動してくれるこのオムレツを中心に朝食を作ってみました。

グレープフルーツ風味ドレッシングのサラダ

材料

ルッコラ、レタス、キュウリ、リンゴなど ……各適宜

ドレッシング
- グレープフルーツジュース……50cc
- 白ワインビネガー……大さじ1杯（米酢でも可）
- サラダ油……大さじ2杯
- 塩……小さじ2分の1杯弱
- ハチミツ……小さじ3分の1杯
- コショウ……少々

作り方

1. 野菜は好みの大きさに手でちぎり、キュウリは薄い輪切り、リンゴは皮をむいて5mm幅のいちょう切りに。

2. サラダ油以外のドレッシングの材料をボウルに入れて混ぜる。塩が溶けたら油を入れてさらに混ぜ合わせる。時間がたつと分離するので、使用する時によく振って混ぜる。

memo ドレッシングを振り混ぜる時は、ジャムなどの空き瓶を利用すると便利です。

ほうれん草とベーコンの炒めもの

材料（4人分）

- ホウレンソウ……1束
- ベーコン……2～3枚
- 塩……少々
- コショウ……少々
- サラダ油……少々
- バター……5g

作り方

1. ホウレンソウは、さっと塩ゆでして2～3cmに切って絞っておく。

2. ベーコンは約1cm幅に切る。

3. フライパンにサラダ油少々を敷き、ベーコンをカリカリに炒めて、ホウレンソウを加える。さらに混ぜ合わせて塩、コショウ少々で味を調え、バターを加えてひと混ぜして火を止める。

memo 霜が降る冬場はホウレンソウも甘くなりますが、それ以外の時期は少しクセがあるので、バター少量を加えてまろやかにします。

チーズトースト

材料（4人分）

- 食パン（10枚切り）……4枚
- マーガリン……適量
- マヨネーズ……適量
- キュウリ……2分の1本
- ハム……2～3枚
- ミニトマト……2～3個
- ミックスチーズ……50～60g
- 黒コショウ……少々

作り方

1. 食パンにマーガリンを薄く塗り、その上にマヨネーズを同じく薄く塗る。

2. キュウリ、ハムは千切り、ミニトマトは薄くスライスする。

3. 1のパンにキュウリ、ハム、トマト、その上にチーズを乗せて、黒コショウを振り、オーブントースターでチーズが溶けるまで焼き（好みで塩少々振ってもよい）、2等分にして盛り付ける。

memo イタリアンパセリを振っても美味です。キュウリは水分がたくさん出るので、あまり乗せ過ぎないようにします。

朝ご飯プレート

オムレツ

材料（1人分）
- 卵・・・・・・・・・・・・・・・・・・・・・・・2個
- 牛乳・・・・・・・・・・・・・・・・・・・・50cc
- バター・・・・・・・・・・・・・・・・・・・15g
- （マーガリンでなく、必ずバターを使用）
- コショウ・・・・・・・・・・・・・・・・・・少々
- トマトケチャップ・・・・・・・・・・・・・適宜

作り方

1. 卵を割りほぐし、牛乳、コショウを加えて混ぜ合わせておく。

2. フライパンにバターを溶かし、1の卵を一気に流し入れる。（バターはすぐ焦げてしまうので、強火で溶かさないこと）

3. 強火にして卵をかき混ぜ、半熟になったらフライパンの柄の反対側に寄せて手前に返していく（柄の付け根をたたくのがコツ）。木の葉型に卵をまとめ、皿にフライパンを添えて返し、ケチャップをかける。

変わりハンバーグ

"母さんの食べたいものが晩ゴハン"を地でいく我が家。ハンバーグをひとひねりしてカレー風味にしてみたところ、家族や友人に大好評！冷めてもおいしいのでお弁当にもピッタリです。クミンやガラムマサラは、カレー料理にぜひ使用してみてください。風味が一層豊かになります。ソースはケチャップとお好みソースを混ぜたものですが、これがご飯によく合うんです。

新タマと新ジャガの ミルクバター煮

材料 (4人分)

タマネギ	2個
ジャガイモ	4〜5個 (1kg)
牛乳	200cc
バター	30g
塩、コショウ	各少々

memo 全体的に少し多めの分量なので、半量で作ってもよい。

作り方

1. ジャガイモとタマネギは皮をむき、5mmの厚さの輪切りにする。

2. 鍋の底に半量のバターを散らして、1の半量のタマネギを並べ、さらに半量のジャガイモを並べて塩、コショウをする。

3. 2の上にさらに残りのタマネギとジャガイモを重ねて塩、コショウをし、残りのバターを散らして牛乳をかける。

4. 弱火で20分ほど煮る。(最後のころ、焦げ付きやすくなるので要注意)

ハンバーグにつけ合わせた一品です。
一年中出回るタマネギとジャガイモですが、
"新"のつく時期はまさに旬の味。
新タマと新ジャガを牛乳とバターで煮合わせると、
子供からお年寄りまで好き嫌いのない
まろやかな味に仕上がりました。

材料 (4人分)

A
牛ひき肉	400g
タマネギ	2分の1個
カレーパウダー	大さじ1杯
クミン	少々
ガラムマサラ	少々
オールスパイス	少々
ナツメグ	少々
赤ワイン	大さじ1杯
パン粉	4分の1カップ
卵	1個
塩、コショウ	各少々
オイスターソース	小さじ1杯

オリーブオイル (またはサラダ油)	大さじ2杯半
トマトケチャップ	50cc
お好みソース	50cc

作り方

1. タマネギはみじん切りにして、オリーブオイル大さじ1杯で炒めておく。

2. ボウルにAの材料を入れ、粘りが出るまで手でよくこねる。

3. 2を8等分して形よく整える。このときタネは、ひび割れを防ぐためによくたたいて空気を抜き、火が通りやすく形よく焼き上げるために中央をくぼませておく。

4. フライパンにオリーブオイル大さじ1杯半を敷いて熱し、3を強火で焼く。焼き色が付いたら裏返して弱火にし、火が通るまで焼く。

5. ソースは、トマトケチャップとお好みソースを器に入れ混ぜ合わせておくだけ。好みの量だけハンバーグにかけていただく。

春巻き

私が「料理って本当に面白いナ!」と思い始めた頃、料理の本をパラパラとめくっていて、「私だったら…」とひらめいたのが、この一品です。シンプルであっさり、とてもおいしかったので、いろんな人に作ってみてと勧めたり、試食してもらったりと、妙にはしゃいだことを覚えています。熱々がおいしいのですが、冷めてもいけるので、私はおもてなしによく登場させます。高校生当時、我が家に同居していた姪が「お弁当にたくさん入れて」と頼むので、たっぷり入れて持たせたところ大好評。友達の間で "伝説の春巻き" と命名されたとか…。(男の子しか育てたことのない私には、女の子の反応は新鮮で驚かされました!)

材料（4人分）

春巻きの皮	10枚
大葉	20枚
エビ（中）	10〜15尾（ブラックタイガー）
緑豆春雨	100g
サラダ油	小さじ2杯
ゴマ油	小さじ1杯
酒	大さじ1杯
塩	少々
小麦粉	大さじ2杯
揚げ油	適量
ポン酢	適宜

作り方

1 エビは皮を取り3つに切る。

2 春雨は熱湯で2〜3分ゆでてザクザクと切っておく。

3 フライパンにサラダ油とゴマ油を入れてエビを炒め、火が通ったら春雨を加えてサッと炒め合わせる。塩少々と酒で薄く味付けして火を止め、冷まして10等分する。

4 春巻きの皮を広げて大葉を2枚ならべて敷き、3を乗せて巻き、端を同量の水で溶いた水溶き小麦粉で留める。

5 揚げ油を熱し、少しきつね色になるまで揚げる。中心を斜め切りにして器に盛り、ポン酢をつけていただく。

memo 具は冷めてから包むのがコツです。

サラダ春巻き

春巻きの皮が残ってしまい、冷蔵庫の中とにらめっこして生まれたのが、サラダ春巻きです。巻いて揚げるだけで、市販のゴマドレッシングでいただきます。ワインやビールとの相性もとても良い一品です。

材料（4人分）

春巻きの皮	1袋
生ハム	10枚
新タマネギ	2分の1個
アスパラガス	2～3本（スナックエンドウでも可）
パセリ	少々
白ネギ	1本
エノキダケ	2分の1袋
黒コショウ	少々
小麦粉	適量
ゴマドレッシング	適宜

作り方

1. 新タマネギは厚さ5mmにスライスし、アスパラガスは1cmの斜め切りに、パセリはみじん切りにする。

2. 白ネギは白髪ネギにして軽く水にさらし、絞っておく。

3. エノキは石づきを取り、ほぐす。

4. 小麦粉を3倍くらいの水で溶き、春巻きの皮を留めるのりを作る。

5. 春巻きの皮を広げ、生ハムを手前に乗せてタマネギ、アスパラを置き、パセリを散らす。軽くコショウをして手前から巻く。4ののりを皮の周りに指で付けて留める。

6. 同様に、生ハム、白ネギ、エノキも皮に乗せコショウをして、巻き留める。

7. 熱した油でキツネ色になるまで揚げ、ゴマドレッシングをかける。

memo 火が半分ほど通った状態でいただくので、小ぶりに仕上げてください。

いろいろな料理に合う "お助けダレ"

食べ慣れた料理もタレを少し工夫するだけで新メニューに

タレの使い回しで、あっと言う間の一品を紹介します。友達を集めて試食会を開いたところ、日ごろ食べ慣れたかき揚げや、冷奴も、タレを少し工夫するだけで新メニューになると評判でした。このタレにマヨネーズを少々加え、おひたしや和え物に使ってもいけますよ。また、まぐろ丼のタレにするのもお勧め。時間のないときの"お助けダレ"として重宝すると思います。

豆腐に好みの野菜を添え、タレをかける。納豆などにもおいしい。

豆腐のアジアン風

夏野菜を油で素揚げにし、よく油を切ってタレをかけ、千切りにし水にさらして絞った青ジソを乗せる。

夏野菜のあげびたし

マグロに山芋をすりおろしたものを加えてよく混ぜ、ご飯の上に乗せてタレを回しかけ、のりを添える。

まぐろ丼

材料

だし汁	100cc
みりん	100cc
しょうゆ	200cc
砂糖	大さじ3〜4杯
コチュジャン	小さじ1〜大さじ1杯（好みで調節を）
ゴマ油	少々

作り方

1 かつおだしを濃いめにとる。

2 1のだし汁と残りの調味料をすべて混ぜ合わせ、ひと煮立ちさせる。

memo タレは作り置いて冷蔵庫で4〜5日は大丈夫。冷凍庫で保存すれば1カ月ぐらいは持つので、使い回しに便利です。

無国籍かき揚げ丼

材料（4人分）

ニラ	3分の1束
ニンジン	30g
タケノコ	40g
シイタケ	小2枚
新タマネギ	50g
豚肉（バラまたは切り落とし）	90g
てんぷら粉（市販品）	1カップ
揚げ油、お助けダレ	各適量

作り方

1. ニラは3cmくらいに切る。シイタケは石づきを取り、薄くスライスする。タケノコ、ニンジン、新タマネギ、豚肉はマッチ棒よりやや太めに切りそろえる。

2. てんぷら粉を同量の冷水で溶き、1を入れ、熱した油（170〜180℃）で揚げる。（てんぷら粉はメーカーによって溶く水の量が多少違うので、袋に書いてある作り方を参照してください）

3. どんぶりにご飯を盛り、かき揚げを乗せ、前ページのお助けダレを回しかけて出来上がり。

とっても簡単な一品。
タレをひと工夫するだけで、
すごく味の幅が広がります。
生で食べる春菊がポイント。
やみつきになりますよ。

豆腐と春菊の エスニック風 刺し身

材料 (4人分)

絹豆腐・・・・・・・・・・・・・・・・・・2分の1丁
春菊（葉先の柔らかいところ）・・・・・少々
刺し身（イカ、タイなど好みで）・・・・・適宜

A [
しょうゆ・・・・・・・・・・・・・・・・大さじ2杯
みりん・・・・・・・・・・・・・・・・・小さじ1杯
ニンニク（みじん切り）・・・・・・・・・・少々
ショウガ（みじん切り）・・・・・・・・・・少々
ネギ（小口切り）・・・・・・・・・小さじ1杯
ラー油・・・・・・・・・・・・小さじ2分の1杯
]

作り方

1 Aの材料を合わせてタレを作る。

2 器に食べやすい大きさに切った豆腐、春菊、刺し身を盛り合わせ、1のタレをかける。

鶏肉のみそ漬け

つれあいは山を愛する人で、長期の山行の時に必ず作るのが、このみそ漬けです。常温保存するために、スパイスをいっぱい入れて傷まないよう工夫しているのですが、お弁当や夕食の一品になるよう、ソフトな口当たりにしました。

材料（4人分）

- 鶏モモ肉　　　　　　　　　400g
- A（みそダレ）
  - 白みそ　　　　　　　　大さじ3杯
  - みりん　　　　　　　　大さじ2杯
  - 豆板醤　　　　　　　　小さじ1杯
  - しょうゆ　　　　　　　小さじ1杯
  - ニンニク（すりおろしたもの）　少々
  - ゴマ油　　　　　　　　　少々
- サラダ菜　　　　　　　　　　適宜

作り方

1. 鶏モモ肉は一口大より少し大きめのそぎ切りにする。
2. Aのみそダレを合わせておく。
3. ビニール袋に1の肉を入れ、2のみそダレも加え、袋の空気を抜いて口を輪ゴムなどで縛る。肉とタレがしっかり絡むよう、手でよくもんでおく。
4. 冷蔵庫で5～6時間以上置いた後、中火で焼く。
5. 器にサラダ菜を敷き、4の肉を盛り付ける。

memo タレを絡ませた肉は、冷蔵庫で3～4日は置けます。もちろん冷凍もOK。白身の魚や豚肉でもお試しあれ！

エビと野菜の中華風炒め

実に簡単で、だれもがなじめる中華風の炒め物です。
エビのうまみと、ブロッコリー、レンコンのほどよい歯ごたえがマッチ。
紹興酒がなければお酒でもOKです。

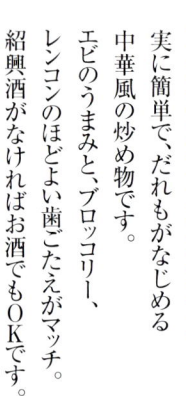

材料（4人分）

- エビ ···················· 200g
- 塩 ······················ 少々
- 紹興酒（または酒）········ 小さじ1杯
- ブロッコリー ··········· 200～300g
- レンコン ················ 200g

A
- スープ（中華味の素を水に溶かしたもの） ················ 2カップ
- 紹興酒（または酒）········ 大さじ2杯
- 塩 ······················ 少々
- コショウ ················ 少々
- ゴマ油 ················ 小さじ1杯強

- サラダ油 ················ 大さじ2杯
- カタクリ粉 ·············· 大さじ1杯

作り方

1. エビは皮をむいて背わたを取り、塩と紹興酒で下味をつけておく。

2. ブロッコリーは小房に分け、硬めの塩ゆでにする。

3. レンコンは厚さ約5mmの半月切りにし、酢少々を入れた湯で硬めにゆでる。

4. Aの材料を合わせる。
   ※スープは中華味の素と水を合わせて2カップにし、調味料を加えて味を調えておく。（今回使用したのは液体の素で、大さじ3杯くらい加えました。メーカーによって加減が違うので、好みの味にしてください）

5. フライパンにサラダ油を熱し、エビを炒めて八分通りに火が通ったら、レンコンとブロッコリーを加える。

6. 手早く4の調味料を加えひと煮立ちさせ、味がなじんだところで、カタクリ粉を同量の水で溶いたものを加えてとろみをつける。全体を混ぜて器に盛る。

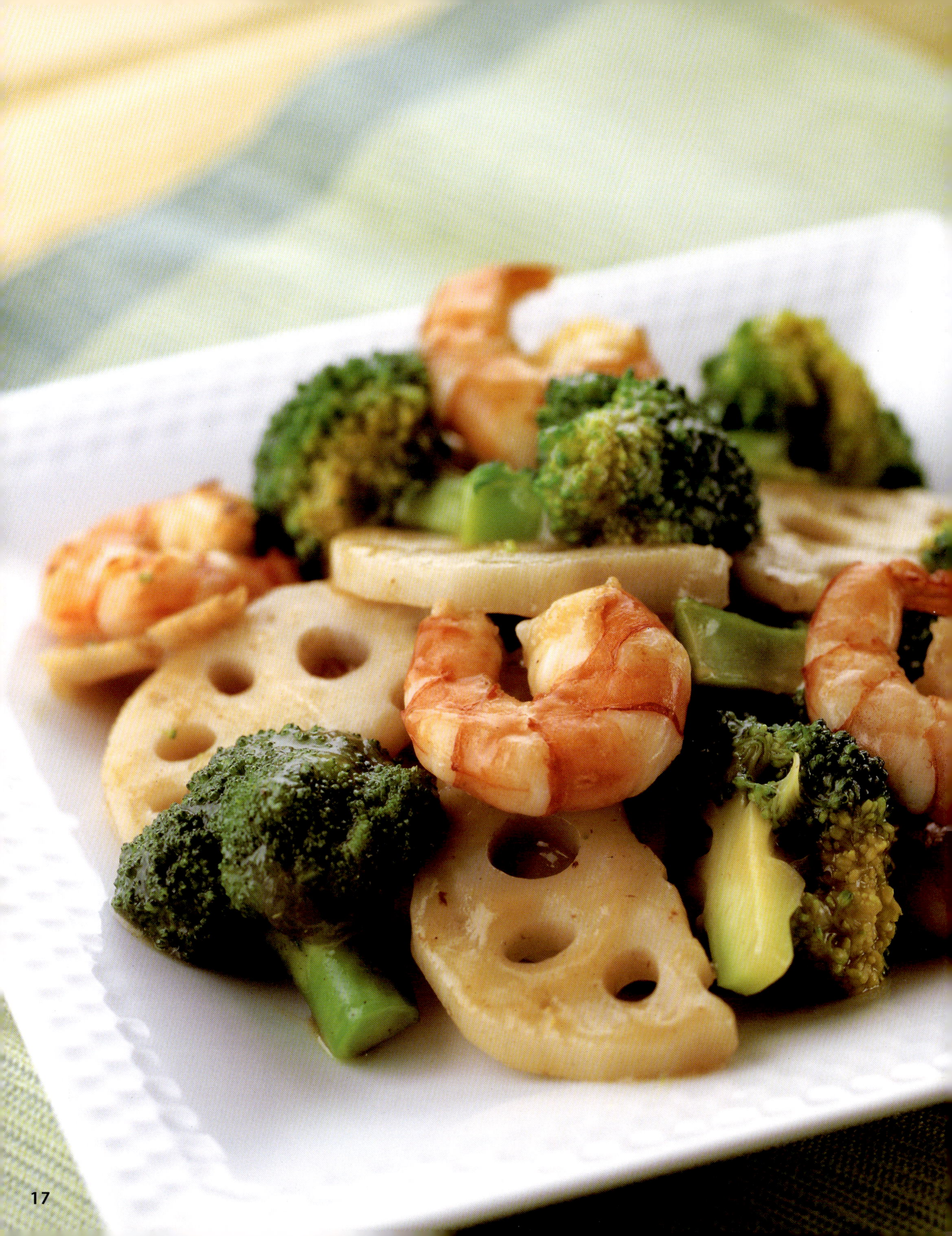

和風ハヤシライス

レンコンやゴボウなど和風素材を
使ったハヤシライスです。
タマネギをしっかりと炒めるのがコツ。
まろやかな味になるので、
大人も子どもも喜びますよ。

作り方

1. タマネギは半分に切って薄くスライスし、バターAで炒める。タマネギがアメ色になるまでゆっくり気長に。やや弱火にかけて、時々混ぜれば大丈夫です。

2. ニンジンは斜め切りに、マッチ棒よりやや太めに切る。シメジはほぐし、レンコンは5mm厚さのイチョウ切りに。シイタケは薄切り。ゴボウは一口大より小さめの乱切りにし、水にさらしておく。

3. 鍋にバターBを入れ溶かして牛肉を炒め、水6カップを注ぐ。煮立ってきたら丁寧にアクを取る。

4. 3に1のタマネギと2の野菜、ブイヨンを加えて煮る。ゴボウが軟らかくなればOK。

5. フライパンにバターCを入れ溶かして、小麦粉をこんがり炒め、4のスープを少し加えながら褐色になるまで気長にのばす。

6. 5を4の鍋に移してDの調味料で味付けし、ご飯と一緒に盛ってパセリを振る。

memo 具にはタケノコやエンドウなども合うと思います。

材料（4人分）

タマネギ	2個
バターA（タマネギ炒め用）	30g
牛肉小間切れ	300g
バターB（牛肉炒め用）	15g
ニンジン	4分の1本
シイタケ	2〜3枚
シメジ	3分の1パック
レンコン	100g
ゴボウ	1本
ブイヨン	1袋（8gのもの）
小麦粉	40g
バターC（ブラウンソース用）	30g

調味料D
- オイスターソース　小さじ1杯
- トマトケチャップ　100cc
- ウスターソース　50cc
- 日本酒　大さじ2杯
- しょうゆ　大さじ2杯

刻みパセリ　少々

ウドとゆり根の春サラダ

冬から春にかけて、新鮮なウドとゆり根が出回る時期にしか食べられないサラダです。少し酸味を利かせた早春の味をお楽しみください。肉料理の付け合わせにと思い付いたサラダですが、単独でも十分いけますよ。素材の組み合わせが、ちょっぴり自慢です。

材料（4人分）

- サラダホウレンソウ　　2分の1袋
- 水菜　　　　　　　　　100g
- 生ハム　　　　　8〜10枚（お好みで）
- ゆり根　　　　　　　　1〜2個
- ウド　　　　　　　　　100g

ドレッシング材料A
- 油（エコナ油）　　　　大さじ3杯
- ゴマ油　　　　　　　　小さじ1杯
- 橙酢（ユズ、スダチなど柑橘酢がお勧め）　　　　　　　　大さじ2杯
- しょうゆ　　　　　　　大さじ1杯
- ニンニク　　　　　　　少々
- ハチミツ　　　　小さじ2分の1杯

作り方

1. ボウルの内側を、ニンニクの切り口でこすり、香りをつけておく。その中にAの残りの材料を加え混ぜ、ドレッシングを作る。
2. ゆり根はよく洗い、ほぐしてゆがき、冷ましておく。
3. ウドは5cmの長さに切り、千切りにして酢水にさらしておく。
4. サラダホウレンソウ、水菜は5cmくらいに切っておく。
5. 生ハムは半分に切る。
6. サラダの材料とドレッシングを和え、盛り付ける。

ピッツァ

このピッツァ、台の生地は一次発酵のみ。「パンに失敗したらピザにせよ」ルールにとらわれず"我が家流"で楽しんで。強力粉だけを使用するとパンに近いピザ台に、薄力粉を増やすとカリカリとした歯ごたえのピザ台になります。ここでご紹介するのは、最近気に入って焼いている分量。薄く伸ばしたカリッとした食感がとても好評です。具材は思いつくものを並べて、その日の気分で。リンゴのスライスやカスタードを乗せたデザートピザもお勧め。残った台は、伸ばしてラップに包んで冷凍庫へ。ソースも冷凍しておけば便利ですし、余ったソースをパスタに活用するのも手ですよ。

```
  ┌ スタフドオリーブ……3〜4個（スライス）
C │ バジル………………………………適量
  └ ピザ用チーズ………………………適量
```

※このほか鶏肉ワイン蒸し、アスパラ、オイルサーディン、サラミ、イカ、シイタケ、ケイパー、生ハムなど好みで

作り方

1 大きめのボウルに強力粉、薄力粉、塩、バターを入れる。

2 ぬるま湯に砂糖とドライイーストを加え、表面がブクブクとこんもりしてきたら1に加え、全体を手で混ぜ合わせる。

3 手離れがよくなり、生地がまとまってきたらポリ袋に入れ、中の空気を押し出し輪ゴムで縛る。この上にもう一枚同じようにしてポリ袋をかぶせ、二重にして冷蔵庫の野菜室で6時間以上寝かせる（2〜3日は保存可能）。袋のしわがピンと伸びて膨らみ、元の大きさの3倍くらいになります。

4 ソース用のタマネギは細かいみじん切り、ニンニクもみじん切りにする。

5 フライパンにオリーブオイルを熱し、ニンニクを入れて香りを出し、タマネギを加えて透き通るまで炒める。

6 5にトマト水煮缶、ワイン、ケチャップを加えて煮詰める。オレガノ、タイムを加え火を止める。

7 3の生地を3等分し軽く丸め、薄力粉を打ち粉にしてめん棒で好みの形に伸ばす。

8 オリーブオイルを塗った天板に7の生地を広げ、6のソースを塗り、それぞれ具を乗せ、チーズをまんべんなく散らす。

9 200℃のオーブンで10分焼く。（チーズに焼き色が付くまで）

ピッツァソースパスタ

ピッツァソースを多めに作って冷凍しておき、別の日にパスタソースとしても利用できます。具は冷蔵庫の残り物で充分です。

材料（4人分）

- タマネギ・・・・・・・・・中2分の1個
- ピッツァソース（右ページ参照）・・・1カップ
- イカ・・・・・・・・・・・・・1ハイ
- マッシュルーム・・・・・・・・1パック
- オリーブオイル・・・・・・・大さじ2杯
- トマトケチャップ・・・・・・・・適宜
- 塩、コショウ・・・・・・・・・各適宜
- パスタ・・・・・・・・・・・・320g

作り方

1. タマネギは粗いみじん切りに、マッシュルームは2～3mmにスライスしておく。イカは1～2cmの輪切りにする。

2. フライパンにオリーブオイルを敷き、タマネギを炒め透き通った感じになったらマッシュルームも入れて炒める。

3. イカも加え火が通ったらソースを加える。沸騰したら味をみてケチャップ、塩、コショウで味を調える。

4. ゆでた好みのパスタと混ぜ合わせて、器に盛る。

材料（3枚分）

台の材料

- 強力粉・・・・・・・・・・・・200g
- 薄力粉・・・・・・・・・・・・100g
- バター・・・・・・・15g（常温にしておく。オリーブオイル大さじ1杯でもOK）
- 砂糖・・・・・・・・・・・・・15g
- 塩・・・・・・・・・・・・・・5g
- ドライイースト・・・・・・・・・6g
- ぬるま湯（40～45℃）・・・180～190cc

ソースの材料

- トマト水煮缶・・・・・・・・・・1缶
- オリーブオイル・・・・・・・大さじ2杯
- ニンニク・・・・・・・・・・2分の1かけ
- タマネギ・・・・・・・・・大3分の2個
- 赤ワイン・・・・・・・・・・大さじ3杯
- トマトケチャップ・・・・・・大さじ2杯
- オレガノ・・・・・・・・・・・・少々
- タイム・・・・・・・・・・・・・少々
- タバスコ・・・・・・・・・少々（好みで）

具の材料

A
- タマネギ・・・・・・・小1個（スライス）
- ジャガイモ・・・・・・中1個（スライス）
- ベーコン・・・・3～4枚（2cm幅にカット）
- ゆで卵・・・・・・・・・2個（スライス）
- ピーマン・・・・・・・・1個（スライス）
- マヨネーズ・・・・・・・・・・・適量
- ピザ用チーズ・・・・・・・・・・適量

B
- タマネギ・・・・・・・小1個（スライス）
- アンチョビ・・・・・・・少々（みじん切り）
- トマト・・・・・・・・・・・・小1個（スライスし種を取り水気を切っておく）
- ナス・・・・・・・・・・1本（薄い輪切りにしてオリーブオイルで炒めておく）
- 本シメジ・・・・・・・・・・2分の1房（ほぐしてオリーブオイルで軽く炒めておく）
- ミニホタテ・・・・・・・・・・・80g
- ピザ用チーズ・・・・・・・・・・適量

C
- タマネギ・・・・・・・中1個（スライス）
- マッシュルーム・・・5～6個（薄くスライス）
- エビ・・・・・・・・・・100g（皮をむく）
- 赤ピーマン・・・・・・2分の1個（スライス）

マヨネーズいなり

「マヨネーズ入りだ」とお話しするとみなさんビックリし、その驚く姿が楽しくて何度も作っているうちに、私の得意料理となりました。マヨネーズが入ることで、すし飯がまろやかな味になります。大人数の差し入れにもピッタリ！

材料（40個分）

すしあげ・・・・・・・・・・・・・・・・・20枚
米・・・・・・・・・・・・・・・・・・・・・・3カップ半
昆布・・・・・・・・・・・・・・・・・・約15cm1枚
ニンジン・・・・・・・・・・・・・・・・・3分の1本
干しシイタケ・・・・・・・・・・・・・・・3〜4枚
ゴボウ・・・・・・・・・・・・・・・・・・40〜50g
高野豆腐・・・・・・・・・・・・・・・・・・・2枚
ゴマ・・・・・・・・・・・・・・・・・・大さじ1〜2杯
青ジソ・・・・・・・・・・・・・・・・・・20〜30枚

A（具の煮汁）

酒・・・・・・・・・・・・・・・・・・・・・大さじ2杯
砂糖・・・・・・・・・・・・・・・・・・・・大さじ4杯
塩、しょうゆ・・・・・・・・・・・・・・・・各少々
だし汁と干しシイタケの戻し汁
・・・・・・・・・・・・・・・・・・合わせて400cc

B（合わせ酢）

酢・・・・・・・・・・・・・・・・・・・・・・100cc
砂糖・・・・・・・・・・・・・・・・・・・・・・70g
塩・・・・・・・・・・・・・・・・・・・・・・・15g
マヨネーズ・・・・・・・・・・・・・・・・・大さじ3杯

C（あげの煮汁）

だし汁・・・・・・・・・・・・・・・・・・・3カップ
砂糖・・・・・・・・・・・・・・・・・・・・・100g
しょうゆ・・・・・・・・・・・・・・・・90〜100cc

作り方

1 すしあげは半分に切り中を割って、たっぷりの熱湯に入れて落としぶたをし中火で4〜5分煮て油抜きをする。

2 1のゆで汁を切り、Cのだし汁を加えて火にかけ、Cの砂糖を加えて落としぶたをし中火で5〜6分煮る。Cのしょうゆを加え煮汁の量が3分の1程度になるまで煮含める。

3 高野豆腐、干しシイタケをそれぞれ水で戻す。

4 高野豆腐は6〜7等分して短冊切りに、シイタケ、ニンジンも小ぶりの千切りにする。ゴボウはささがきにして水にさらす。

5 Aのだし汁とシイタケの戻し汁を合わせたものを鍋に入れ、Aの酒と砂糖、4のゴボウ、シイタケ、ニンジンを入れて煮る。5分ほど煮て甘みを含ませた後、Aの塩、しょうゆで薄味を付け、4の高野豆腐も加えて煮る。途中アクを取る。

6 米は昆布を入れて炊き、炊き上がったらすぐにBの合わせ酢を加えてあおぎながら冷ます。

7 青ジソは粗みじん切りにして水にさらしてアクを抜く。

8 6に5の具とゴマ、シソを加えて混ぜ、すし飯にして軽く握る。

9 2のあげの汁気を切り、8のすし飯を詰める。握りすぎないのがコツ。

memo すし飯が余ったら、薄焼き卵で巻いて、サッとゆがいた三つ葉で結ぶと、見た目もきれいで目先の変わった一品になります。子どもたちにも人気ですよ。あげが残ったら、冷凍保存すればOK。うどんなどいろいろな料理に使えます。

いなりを盛ったカゴに花を生けて玄関先に飾ってみました。固定観念にとらわれないで、いろんな使い方をすることで、器の楽しみ方も広がります。

23

ちょっとおしゃべり①

器の楽しみ

私の器選びの基準は「面白い!」かどうか。
その器が「我が家の仲間」になれるかどうか、
直感で選びます。
"百均"で見つけたものもあれば、
ちょっと奮発して作家モノを購入することもあります。
どちらかというと、大ぶりでダイナミックな器が好き。
お気に入りの器はすべてこの本に登場しました。

日常的に使う器でも、固定観念にとらわれずに使ってみると、用途は広いと思います。この湯飲み茶碗は、お茶はもちろん、木のソーサーと合わせて"和テイスト"で、コーヒー・紅茶をお出ししたり。ほかにも、めんつゆ、和え物、デザート…と、なんでもいけてしまいます。

お気に入りのカゴに、お料理を盛ったり、お花を生けたり、クリスマスにはオブジェ(布頭巾照)を飾り付けしたりして、何通りもの楽しみ方をしてみました。
ポイントは、ものの使い方を決めない！
ちょっとした 遊び心 ですね。

器は使って初めて生きるもの。
私の信条は、とにかく面白がって使うこと かな。お料理と器、器と器、組み合わせは自由な発想で。
とにかく 楽しむのが一番！

24

夏

暑さも楽しむ

summer

そうめんパーティー

暑さを感じると恋しくなるそうめん。日常的な素材ですが、夏のおもてなし料理にしてみました。具、薬味をいろいろ取りそろえ、たれも和風、中華風、エスニック風と3種類用意。何がおいしいかな？と迷ったりしながらついつい食べてしまいそうです。人が集う時は話題満載で楽しくなくっちゃ！めんに好みの具をのせてたれをかけて召し上がれ。

エスニックだれ

材料

- ナンプラー‥‥‥‥‥‥‥‥大さじ1杯
- バルサミコ酢‥‥‥‥‥‥‥大さじ1杯
- ゴマ油‥‥‥‥‥‥‥‥‥‥大さじ1杯
- 水‥‥‥‥‥‥‥‥‥‥‥‥大さじ1杯
- はちみつ‥‥‥‥‥‥‥‥‥小さじ1杯
- ネギ‥少々（小口切り）好きな方は香菜で

ゴマだれ

材料

- 酢‥‥‥‥‥‥‥‥‥‥‥‥大さじ2杯
- しょうゆ‥‥‥‥‥‥‥‥‥‥150cc
- 砂糖‥‥‥‥‥‥‥‥‥‥‥大さじ4杯
- 練りゴマ（白）‥‥‥‥‥大さじ2分の1杯
- ゴマ油‥‥‥‥‥‥‥‥‥‥大さじ1杯
- ラー油‥‥‥‥‥‥‥‥‥‥小さじ1杯
- ショウガ‥‥‥‥‥小さじ1杯（みじん切り）
- 白ネギ‥‥‥‥‥‥3分の1本（みじん切り）

作り方

練りゴマ、ゴマ油、ラー油をよく混ぜ合わせて、酢、しょうゆ、砂糖、ショウガ、ネギと順に混ぜ合わせる。

和風だれ

材料

A
- しょうゆ‥‥‥‥‥‥‥‥‥‥50cc
- みりん‥‥‥‥‥‥‥‥‥‥‥50cc
- だし汁‥‥‥‥‥‥‥‥‥‥‥350cc

- 削り節‥‥‥‥‥‥‥‥‥‥ひとつかみ

作り方

Aを鍋でひと煮立ちさせて火を止め、削り節を加え、そのまま置いて冷まし、冷蔵庫で冷やす。

薬味

材料 作り方

- ネギ‥‥‥‥‥‥‥‥‥‥‥‥小口切り
- 青ジソ‥‥‥‥千切りにして水にさらし、絞ったもの
- 梅‥‥‥‥‥‥‥種を取り、ほぐしておく
- ショウガ‥‥‥‥‥‥‥‥‥‥すりおろす
- ゴマ‥‥‥‥‥‥‥‥‥‥‥‥適宜
- ミョウガ‥‥‥‥千切りにして水にさらし、絞っておく

そうめん&具

材料
そうめん、卵、キュウリ、トマト、ハム、キムチ、豚ロース、エビ…それぞれ好みの量で

作り方
1 卵は錦糸玉子にする。

2 キュウリは2mmくらいの斜め切りにした後、千切りに。

3 ハムも千切りに。

4 豚ロースは湯引きして、食べやすい大きさに切っておく。

5 エビは塩ゆでしておく。

材料（4人分）

レタス	2分の1個
ナス	1本
サラダ油	適量

ドレッシング
オリーブオイル	大さじ3杯
白ワインビネガー	大さじ1杯
バルサミコ酢	小さじ1杯
塩	小さじ2分の1杯
黒コショウ	少々
タマネギ	40g
完熟トマト	2分の1個
ニンニク	少々

作り方

1. ナスは薄切りにして水にさらし、よく水分を切ってサラダ油でカリカリに揚げ、油を切っておく。

2. レタスは洗って手でちぎり器に盛り、1のナスをバランスよく散らす。

3. タマネギはみじん切りにして、水にさらしたあと絞っておく。

4. トマトは皮をむいてみじん切りにし、手で軽く絞っておく。

5. ニンニクはみじん切りにしておく。

6. オリーブオイル、白ワインビネガー、バルサミコ酢、塩、黒コショウと3、4、5を合わせて混ぜドレッシングを作り、2に振りかける。

ナスのサラダ

を加えて味をみる。塩、コショウで調える。（ソースをかけるので控えめにするのがコツ）

7. 6を4等分して一皿ずつに盛る。

8. 卵1個を溶きほぐし薄く油を敷いたフライパンに流し入れて焼く。上面が少々半熟のときに火を止め7の皿にかぶせて形を整える。残りの3個も同様にする。

9. それぞれに1のソースをかけて、上にバジルの葉をあしらって出来上がり。

イタリア風オムライス

我が家の定番オムライス。
妹にいたっては、友達を連れてきてまでリクエストするほど。
ケチャップの中に完熟トマトを刻み入れたソースが自慢かな。
ハーブは、我が家に雑草のごとくはえているものを使いました。
市販のハーブミックスなどドライものを使ってもOKです。

材料（4人分）

- トマト・・・・・・・・小さめのもの2分の1個
- トマトケチャップ（A）・・・・2分の1カップ
- ご飯・・・・・・・・・・・・・茶わん4杯分
- 鶏ひき肉・・・・・・・・・・・・・・100g
- タマネギ・・・・・・・・・・・・・・・60g
- マッシュルーム・・・・・・・・・・5〜6個
- ナス・・・・・・・・・・・・・・2分の1本
- ピーマン・・・・・・・・・・・・・・小1個
- ニンニク・・・・・・・・・・・・・・・少々
- セロリの葉・・・・・・・・・・・・・・少々
- 赤ワイン・・・・・・・・・・・・・大さじ1杯
- トマトケチャップ（B）・・・・・・大さじ3杯
- オイスターソース・・・・小さじ2分の1杯
- 塩、コショウ・・・・・・・・・・・・各少々
- 卵・・・・・・・・・・・・・・・・・・4個
- オリーブオイル・・・・・・・・・・・・少々
- サラダ油・・・・・・・・・・・・・・・少々
- オレガノ、バジル、パセリ、タイムなどのハーブ・・・・・・・・・・・・少々（好みで）

作り方

1. 熟したトマトの皮を包丁でむき種をざっと取って粗みじん切りにし、軽く絞る。トマトケチャップ（A）と混ぜ合わせてソースを作っておく。

2. タマネギ、ニンニク、ピーマン、セロリの葉はみじん切りにする。

3. マッシュルームは2〜3mmにスライスし、ナスも半分に割って5mmくらいにスライスする。

4. オレガノ、バジル、パセリはまとめてみじん切りにする。

5. 鍋にオリーブオイルを敷き熱し、ニンニクを入れて香りを出し、タマネギ、ひき肉、ナスを加える。ひき肉に火が通ったらマッシュルーム、ピーマン、セロリの葉、タイムを加える。タマネギとナスが透き通るまで火が通ったら、さらにワインを加えて水分がほとんどなくなるまで炒める。

6. 5にご飯（レンジで温めておくと便利）を加えてよく炒め、トマトケチャップ（B）、オイスターソース、オレガノ、バジル、パセリ

鶏肉のバルサミコ風味

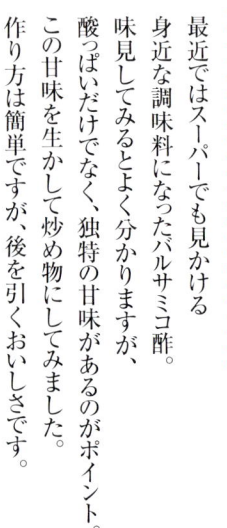

最近ではスーパーでも見かける身近な調味料になったバルサミコ酢。味見してみるとよく分かりますが、酸っぱいだけでなく、独特の甘味があるのがポイント。この甘味を生かして炒め物にしてみました。作り方は簡単ですが、後を引くおいしさです。

材料 (4人分)

鶏モモ肉	200g
カボチャ	150g
レンコン	150g

A
- バルサミコ酢 ……… 大さじ2杯
- しょうゆ …………… 大さじ2杯
- みりん ……………… 大さじ2杯

カタクリ粉	適量
揚げ油	適量
酒	少々
塩	少々
酢	少々
トウガラシ	適宜

作り方

1. 鶏モモ肉は一口大に切って、酒、塩各少々を振って20〜30分置き、カタクリ粉をまぶしておく。

2. レンコンは、皮をむき、縦4等分にして酢水にさらす。

3. カボチャは1cmくらいの厚切りにする。

4. 2のレンコンの水気を取り、めん棒などの固いものでトントンとたたき、一口大の乱切りにする。(少々つぶれ気味の方が味がなじみやすい)

5. 揚げ油を170〜180℃に熱し、カボチャ、レンコンと鶏肉をカラリと揚げる。

6. 鍋にAのたれを入れて煮立たせ、5のカボチャ、レンコンと鶏肉を加え、たれをなじませたら火を止め盛りつける。彩りにトウガラシを振りかける。

わが家の食卓に並ぶバルサミコ酢。本場のものは瓶もおしゃれ。

韓国風サラダ巻き

韓国料理といえば辛いという印象の方も多いと思いますが、韓国みそ（コチュジャン）を日ごろの料理に取り入れてみると、グンとレパートリーが広がります。家庭で作るのですから、辛さも家族の好みに合わせて、日本のみそとはひと味違う味を楽しんでみてはいかがですか。この料理は野菜炒めを作るように簡単ですが、立派なメーンの一品となります。

材料（4人分）

- 牛肉（バラスライスまたはロース）…300g
- サンチュ……適量
- 白ネギ……1本
- ニンニク、ショウガ……各1かけ
- 酒……大さじ1杯
- しょうゆ……大さじ2杯半
- みりん、砂糖……各大さじ1杯
- コチュジャン……大さじ2分の1杯
- サラダ油……大さじ1杯
- ゴマ油……小さじ1杯
- カタクリ粉……少々

作り方

1. ニンニク、ショウガはみじん切りにする。

2. 牛肉は5mmくらいの小口切りに、白ネギは5mmくらいの斜め切りにする。

3. しょうゆ、酒、みりん、砂糖、コチュジャンを合わせておく。

4. フライパンにサラダ油、ゴマ油を敷き、ニンニク、ショウガを加えて香りを出す。

5. 牛肉を加えて7～8分炒める。肉に火が通ったら白ネギも加えてしんなりするまで炒め、3の調味料を加え混ぜ合わせて火を通す。

6. カタクリ粉を水少々で溶き、5に加えとろみをつけ、汁気をなくす。

7. サンチュに6を好みの量取り乗せて、巻いていただく。

memo サンチュでなくてもサニーレタスやレタス、サラダ菜などでもOK。辛いのが好みの方は、食べる時にコチュジャンを足して。また牛肉を豚ひき肉に替えても良し、生シイタケやシメジ、ニラなど冷蔵庫の残り野菜をみじん切りにして同じ要領で作れば、いろいろな野菜も摂れて経済的な一品になりますよ。

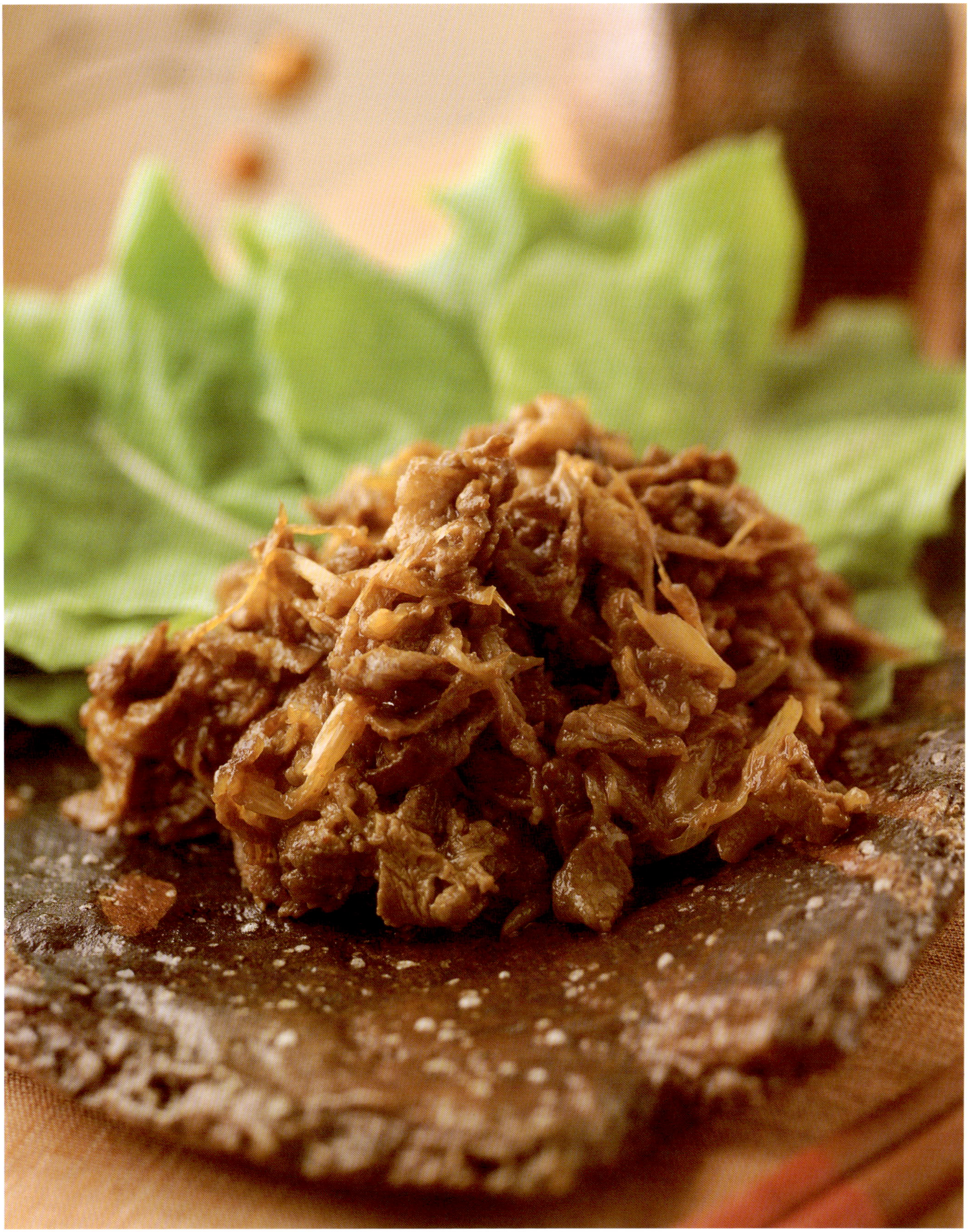

鶏肉と夏野菜の あっさり煮

バルサミコ酢を利かせたさわやかな一品。
簡単なのにプロの味に仕上がります。

材料 (4人分)

鶏ムネ肉	3枚
タマネギ	大1個
ニンニク	2〜3かけ
トマト	中3個
ローリエ	2枚
タイム（あればフレッシュ）	2枚
セロリ	2分の1本
オクラ	1袋
赤ピーマン	2分の1個
黄ピーマン	2分の1個
ナス	1本
赤ワイン	100cc
ブイヨン	2袋（1袋8gのもの）
バルサミコ酢	小さじ2杯
塩	少々
黒コショウ	少々
オリーブオイル	大さじ5〜7杯

作り方

1 鶏ムネ肉は1枚を4等分し、塩、黒コショウを振っておく。

2 タマネギは粗みじん切りに、トマトも皮をむき粗く切っておく。

3 赤・黄ピーマンは1センチのクシ切り、ナスとセロリは1cm幅の斜め切り、オクラは斜め切りで2等分にする。

4 鍋にオリーブオイル大さじ2〜3杯分を敷き、みじん切りにしたニンニクを加えて香りを出し、タマネギを透き通るまで中火で炒める。

5 フライパンを熱して鶏肉を皮の方から焼き、焦げ目をつける。

6 4の鍋に5と水300cc、トマト、赤ワイン、ローリエ、タイム、バルサミコ酢、ブイヨンを加えて40〜50分煮る。

7 ナス、セロリ、オクラ、赤・黄ピーマンをオリーブオイル大さじ3〜4杯分で炒め、6の鍋に加えて約10分煮込む。

memo いんげん、カボチャなどもよく合います。カボチャは煮崩れないよう、電子レンジで軟らかくし最後に加えて。また好みでチリペッパー、サンダル、タバスコなどの辛みを利かせると、食欲のない時でも元気が出ます。

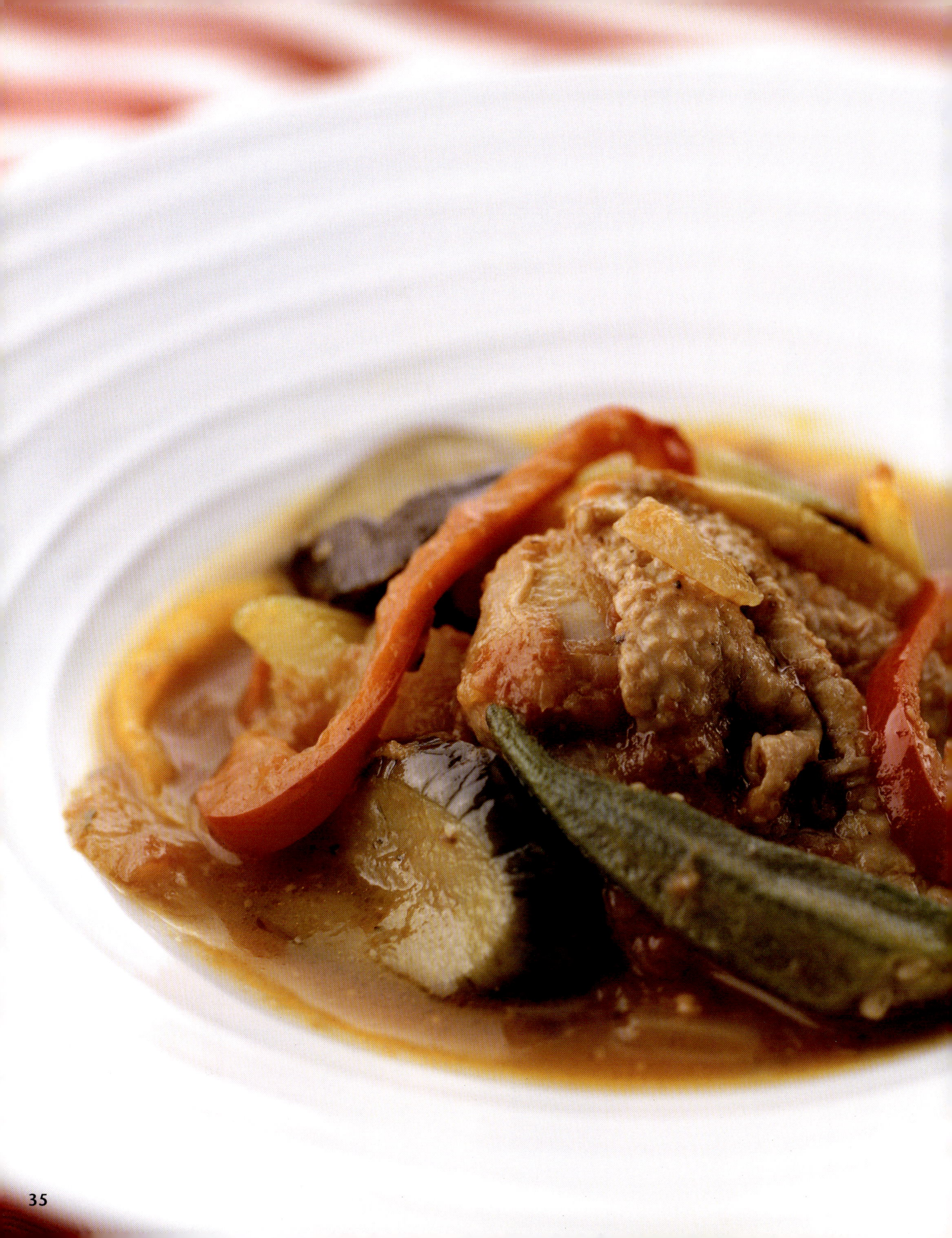

いつもは捨ててしまう素材も
アイデア次第で立派な一品に

野菜の使い道提案料理

にんじんピクルス

材料（約4人分）
- ニンジン ……………… 中4〜5本
- A
  - りんごジュース …… 150〜180cc
  - 米酢 ………………… 50cc
  - 白ワイン …………… 20cc
  - 塩 …………………… 小さじ1杯
  - 粒コショウ ………… 5〜6粒
  - ローリエ …………… 1枚
  - 赤トウガラシ ……… 1本

作り方
1. 鍋にAの材料を入れ、ひと煮立ちさせたら冷ましておく。
2. ニンジンの皮をむき、スライサーで厚さ2〜3mmの薄切りにする。
3. 1のピクルス液と2をビニール袋に入れ、空気を抜いて輪ゴムで縛る。（ビニール袋を使うと、少ない液で漬けられて経済的です）
4. 漬けてから5〜6時間で出来上がり。

memo しっかり味が染みたものが好みなら、3日間ほど漬けます。冷蔵庫で約3週間は保存できます。

お麩とニラの煮物

行きつけの美容院の先生から、「おいしいからすき焼きにして！」と丁字麩をいただき、麩のおいしさを再認識しました。定番のすき焼きやみそ汁ではもったいない！ちゃんとしたおかずにと考えたのが、この一品です。子どもから大人まで愛される味ですよ。

材料（4人分）
- 麩 ……………… 2分の1袋（20g）程度
- 鶏ひき肉 ……………… 100g
- マイタケ ……………… 1パック
- 黄ニラ ………………… 1束
- 卵 ……………………… 1個
- A
  - 濃いだし汁 ………… 300cc
  - しょうゆ …………… 大さじ1杯半
  - みりん ……………… 大さじ1杯
  - 砂糖 ………………… 大さじ2分の1杯

作り方
1. 麩は一口くらいの大きさにして水にさらす。
2. 軟らかくなったら手で水気を軽く絞る。
3. マイタケは手で一口大にほぐす。
4. 黄ニラは3センチくらいに切る。
5. 鍋にAを入れ沸騰したら、鶏ひき肉を加え火が通るまで混ぜる。
6. 5に麩、マイタケを加えて2〜3分煮る。黄ニラを加えて、溶きほぐした卵を回し入れ卵が半熟になったら火を止め器に盛る。

memo もち麩など、スーパーで見かける麩で十分ですよ。

ブロッコリーの芯のスープ

「これ、何かに使えないかな？」もったいないと思いながら捨ててしまうブロッコリーの芯。こういったものを有効に使えると、主婦として賢いかなと思ったりもしますよね。

材料 (4人分)

ブロッコリー	200g
バター	15g
タマネギ	60g
ご飯	20g
ブランデー	小さじ1杯強
牛乳	100cc
生クリーム	50cc
ブイヨン	1袋半（1袋8gのもの）
水	600cc
塩、コショウ	各少々

作り方

1. タマネギはみじん切りにする。

2. ブロッコリーは1cmぐらいの輪切りにする。

3. 鍋にバターを溶かし、タマネギを透き通るまで炒める。水、ブイヨン、ブロッコリー、ご飯を加え、ブロッコリーがトロトロッと軟らかくなったら火を止めて冷ます。

4. 3をミキサーにかけてつぶす。

5. 4を再び鍋に戻し牛乳を加え、沸騰したら生クリームを加え、塩、コショウで味を調え、ブランデーを加えて火を止める。

じゃがいもきんぴら

これは近所の飲み友達がよく作ってくれるおかず兼つまみで、私が感動した一品。きんぴらにジャガイモが入っているのです。こんにゃく、ニンジン、レンコン、ゴボウなど、その日の冷蔵庫の中身で決まるらしく、組み合わせも実に面白くて、「もう一品」という時にぴったり。素朴で懐かしい母の味という風情。この味を敬遠する人は少ないと思います。

材料 (4人分)

ジャガイモ	中2〜3個
ニンジン	2分の1本
ゴボウ	2分の1本

A
だし汁（濃いめのカツオだし）	200cc
みりん	50cc
砂糖	大さじ1杯半
しょうゆ	大さじ2杯

サラダ油	少々
七味	お好みで

作り方

1. ゴボウは皮をこそげて、3〜4cmの長さで3mm厚さくらいの拍子木に切って、水にさらしておく。ニンジンも同様に切る。ジャガイモは少し厚めの5mmくらいの拍子木切りにする。

2. 鍋にサラダ油を熱し、ゴボウ、ニンジン、ジャガイモを炒め、Aの調味料を加えて、弱火にして炒り煮にする。ジャガイモに火が通れば出来上がり。好みで七味をかけるとおいしい。

memo レンコン、こんにゃくを入れてもよい。

簡単エビチリ

今から数年前のこと。つれあいがシンガポールと日本を行ったり来たり。その時「あちらのしょうゆみたいなもので、何にでもつけて食べるんだ」と買ってきたのがチリソース(タイ)。けっこう甘くて「ご飯には合わないな」と思ったのですが、トマトケチャップと合わせてみたところ大ウケ。国産のチリソースは多少塩分が利いているようなので、ケチャップの代わりにトマトピューレーなどの塩分を控えたものを使ってみてください。

材料 (4人分)

- エビ･･････････････････300g
- 白ネギ････････････････1本
- エリンギ･･････････････1パック
- ニンニク････2分の1かけ(みじん切り)
- サラダ油･･････････････大さじ2杯
- 酒････････････････････適宜

A
- しょうゆ････････大さじ2分の1杯
- チリソース･･････大さじ3杯
- トマトケチャップ･･････大さじ2杯

作り方

1. エビは皮をむいて背わたを除き酒を振りかけておく。

2. 白ネギは1～2cmのぶつ切りに。

3. エリンギは縦に裂いて5cmの長さに切り、器に入れてラップをかけ1分レンジにかける。(出てきたエリンギの汁は捨てる)

4. フライパンに油とニンニクを入れ、火にかけて香りが出てきたら白ネギを入れ少し炒める。

5. エビも加えて色が変わりかけたらエリンギとAを加えて味をなじませる。

memo エビは小さめがお勧め。大きい場合はエビ臭さが残るので、多めのカタクリ粉に水少々を加えてエビをもみ洗いします。本来ならエビを油で揚げるのですが、省略してみました。

チリソース。私のお気に入りは、にわとりマークのディッピングソース。時々スーパーなどでも見かけます。輸入食材を扱う店ならまず置いてあるようです。

変わり串焼き

「焼き鳥が食べたい！」と思った日、
少し工夫をしようとスーパーを
歩きながら考えたのが、この5種です。
キムチのピリ辛がたまらない豚キムチ巻きや、
チーズたっぷりの鶏串など、
大人も子どもも楽しめる味です。

材料（4人分）

A 鶏チーズ串

- 鶏ささ身……………………4枚
- オクラ………………………4本
- プロセスチーズ……………約40g
- 塩、コショウ………………各少々

B タコ串

- ゆでダコ……………………足2本分

AとBのタレ

- しょうゆ……………………大さじ1杯
- バルサミコ酢………………大さじ1杯
- 白みそ………………………小さじ2分の1杯
- 刻みネギ……………………大さじ1～2杯

C 梅豚巻き

- 豚トロ肉……………………8～12切れ
- 練り梅………………………適量
- 青ジソ………………………4～6枚

D 牛串

- 牛切り落とし肉……………約8枚

Dのタレ

- コチュジャン………………大さじ1杯
- しょうゆ……………………大さじ2杯
- ハチミツ……………………小さじ1杯
- すりおろしニンニク………少々

E 豚キムチ巻き

- 豚バラ肉……………………100～150g
- キムチ………………………適量

作り方

1. 鶏ささ身はすじを取り、縦半分に切る。プロセスチーズは横4等分にスライスし、オクラは2等分に切る。

2. チーズに鶏ささ身を巻き、オクラと交互に串に刺す。軽く塩、コショウを振る。

3. ゆでダコは一口大に切り、串に4切れずつ刺す。

4. 豚トロに練り梅と縦半分に切った青ジソを巻き、串に刺す。

5. タレをそれぞれ混ぜ合わせて作っておく。

6. 牛肉（大きければ半分に切る）を広げてDのタレを薄く塗り、肉を重ねて巻き、串に刺す。

7. 豚バラ肉（大きければ半分に切る）は、キムチ少々を乗せて巻き、串に刺す。

8. 中火にしたグリルで火が通るまで焼く。鶏チーズ串とタコ串はタレをつけていただく。

スパイシースペアリブ

アウトドアで簡単ダレの肉料理はいかが。タレは作り置きしておけば、いつでもまぶして焼くだけ。タバスコやトウガラシなどをプラスして、スパイシーに楽しむのもお勧め。鶏や牛でもぜひお試しあれ。

材料（4人分）

スペアリブ･････････････････1kg

タレ
- しょうゆ･･･････････････50cc
- コチュジャン･･････････大さじ1杯
- トマトケチャップ･･････大さじ1杯
- ニンニク･･････････････1かけ
- タマネギ（すりおろしたもの）…大さじ3杯
- ゴマ油･････････････････大さじ1杯
- ハチミツ･･･････････････大さじ1杯強

作り方

1 肉以外の材料をすべて混ぜ合わせてタレを作る。

2 肉をタレに1時間くらい漬け、まんべんなくなじませる。

3 フライパンを熱し肉の表面を焼く。

4 天板にのせ200℃のオーブンで約30分焼く。

memo 食べる際に、またタレをつけても美味です。

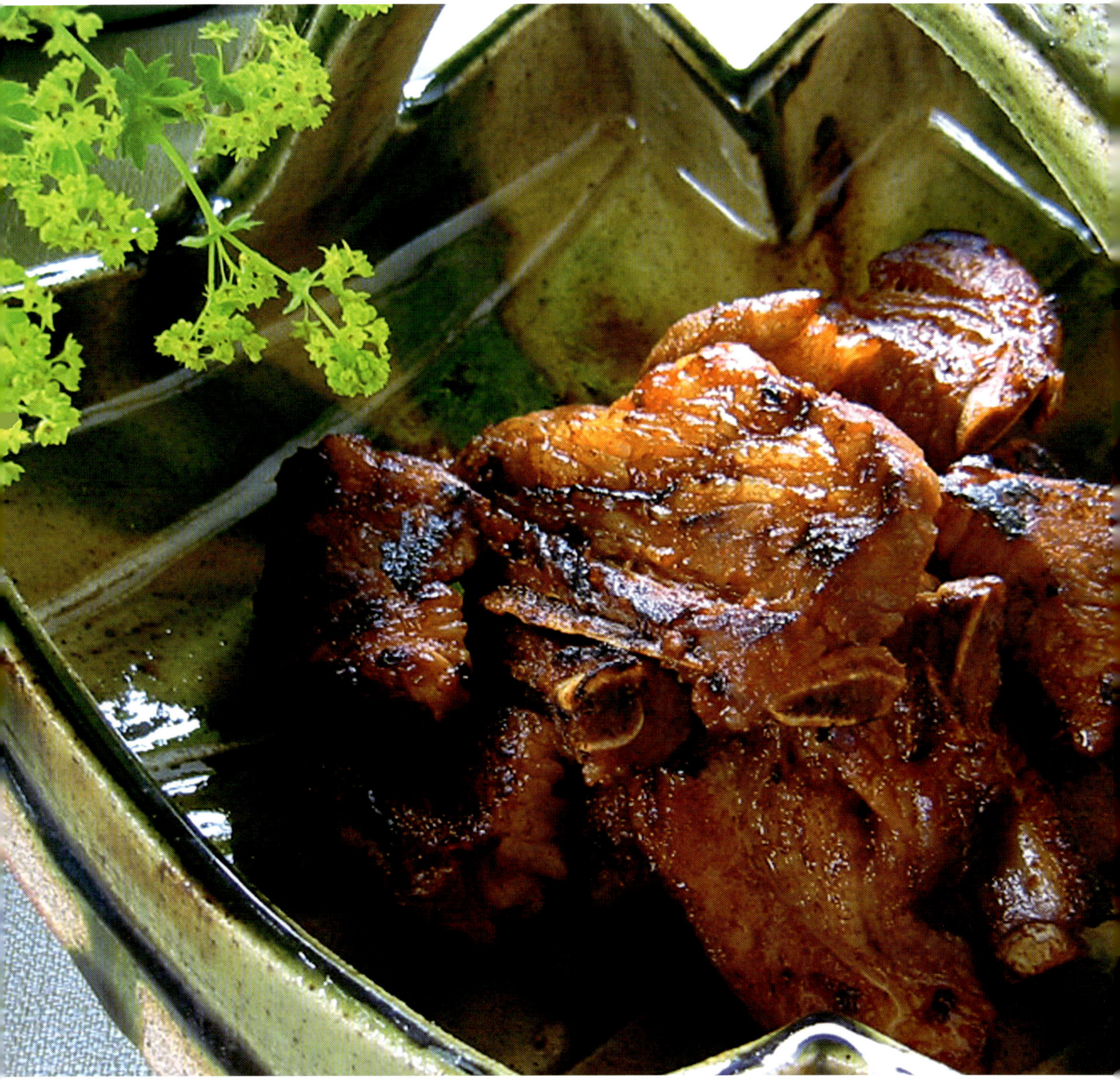

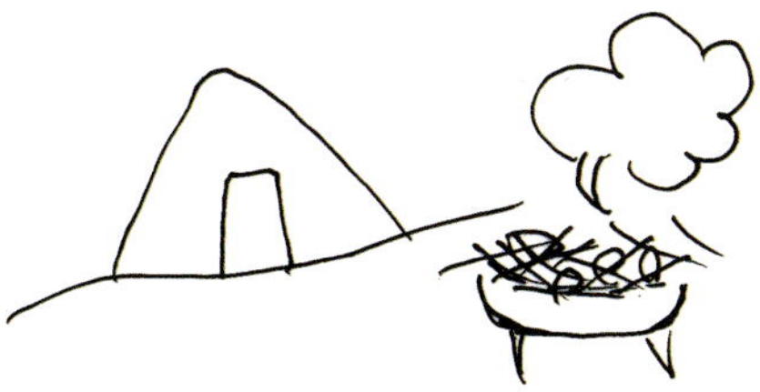

ちょっとおしゃべり②
暮らしのコーディネート

生け花を特に習ったわけではないんです。食卓のお花、玄関先に飾るお花…など、自己流でお花のあしらいを覚えました。日々の暮らしの中から、そのときどき我が家の庭に咲いているもの、近所の河川敷を犬と一緒に散歩しているときにちょっと摘んでみたもの、「これがキレイ！」「これを飾りたい！」と思ったら、それに合うものを探してきてあしらいます。

実は、"もったいない"が原点です。お正月のお飾りやクリスマスツリーにしても、おじいちゃんが庭の剪定をした後の残りの松を使ったり、伸び過ぎた草花を刈り取ったもの、そのまま捨てるのは忍びなくて「なんとか生かせないかな」と思ったり。そうやってお花や緑をアレンジしているうちに、ウエディングブーケまで手作りしてしまうようになりました。

テーブルコーディネートで、お花が決まると、そのお花に合う器やテーブルクロスを決めていきます。また、まず"器ありき"、というときは、その器を生かす緑やお花を考えますね。

長年使ったテーブルクロスを、エプロンに仕立て直したりします。「わぁ、すごーい」と褒められるとうれしくて、残りの布で弁当風呂敷やらカバーやら袋やら、どんどん調子が上がって洋服なんぞも作ってしまいます。でも、暮らしに必要なものを作るって感じかな。
とにかく、なんでも"もったいない！"が始まりなんです。

42

秋
ささやかなおもてなし

autumn

うなぎのひつまぶし

忙しくて時間がない日にひらめいたメニューです。ご飯を炊いている間に準備ができて、ラクに作れますよ。ごちそうに見えて、しかもおいしいと好評なので、ぜひ試してみてください。

材料（4人分）

- うなぎの蒲焼……150〜160g（大1尾）
- 米……………………………2カップ
- 卵……………………………2個
- 三つ葉………………………1束
- 黒ゴマ………………………小さじ1杯
- A ┌ うなぎのタレ（添付品）……大さじ1杯半
　　└ しょうゆ………………小さじ1杯
- 塩……………………………少々

作り方

1. ご飯を炊く。

2. Aのタレを合わせておく。

3. 三つ葉はさっとゆでて、3cmの長さに切り、水気を切っておく。

4. 薄焼き卵を作り、1×3cmの短冊切りにする。

5. うなぎは縦半分に切ってから0.5〜1cm幅に切る。ご飯が炊き上がる前に電子レンジで約1分間温める。

6. ご飯が炊けたら、熱いうちに2のタレを入れて混ぜる。うなぎ、三つ葉、卵、黒ゴマの順に加えて混ぜ合わせ、塩少々で味を調えたら出来上がり。

サンマのサラダ風

毎年秋になると出回るサンマ。塩焼きに飽きたら目先を変えて、こんな食べ方はいかがですか。

材料 (4人分)

- 生サンマ・・・・・・・・・・・・・・・大2尾
- ダイコン・・・・・・・・・・・・・・・100g
- 青ジソ・・・・・・・・・・・・・・・・10枚
- スプラウト・・・・・・・・・・・2分の1パック
- 赤ピーマン・・・・・・・・少々（彩り程度）
- 青ジソドレッシング・・・・・・・・・・適宜

作り方

1. ダイコンは千切りにして水にさらし、パリッとさせてから絞っておく。

2. 青ジソも千切りにして水にさらし、アクを抜いてから絞っておく。

3. 赤ピーマンも千切りにする。

4. スプラウトは根を切り水洗いしておく。

5. サンマは、はらわたを取り半分に切って色よく焼く。

6. 水気を切った1、2、3、4をボウルに入れ軽く混ぜ合わせる。

7. サンマを器に盛り6をこんもりと色よく乗せ、青ジソドレッシングをかけていただく。

材料 (4人分目安)

豚トロ肉	200g
ショウガ汁	1かけ分
酒	大さじ1杯
シメジ	2分の1パック
A [ワサビ	小さじ1杯弱
しょうゆ	大さじ2杯
みりん	大さじ1杯
ネギ	少々
七味	少々
サラダ油	大さじ1杯

作り方

1. 豚トロにショウガ汁、酒をからめておく。シメジは石づきを取り、ほぐしておく。

2. Aを混ぜてワサビじょうゆを作る。

3. フライパンを熱してサラダ油を敷き、シメジを入れて少ししんなりとするまで炒める。

4. 下味を付けておいた1の豚トロを3のフライパンに加え、肉に火が通るまで炒める。

5. 4を器に盛り、2のワサビじょうゆをかけ、ネギ、七味をかけていただく。

memo 豚トロが入手できない場合は、豚ロースしょうが焼き用などでもOK。タレのわさびを豆板醤に替えてもおいしいです。

豚トロの ワサビじょうゆ

近ごろスーパーでも
見かけるようになった豚トロ。
焼き肉用と表示してあるものが
多いようですが、
焼き肉以外でもおいしく食べられます。
見た目よりあっさりとした味ですので、
お酒にも合うと思います。
本物のワサビを使うと最高です。

手まり寿司

ちょっとしたおもてなしにぴったりの手まり寿司。肩に力を入れないで遊び心で楽しんでみませんか。おもてなしには
「今の季節は？」
「旬のものは何？」
といったささやかな心がけと、
「この味みんな当てられるかなぁ」
「あ、この彩りステキ」
などの感動する気持ち、また、集う人の顔を思い浮かべながらの小さな工夫が大切。楽しかった、面白かったと余韻の残る集いになると成功ですね。

材料（4人分目安）

米・・・・・・・・・・・・・・・・2カップ
昆布・・・・・・・・・・・・・・・5cm角
水・・・・・・・・・・・・・・・・280cc

A ┌ 米酢・・・・・・・・・・・・・・50cc
  │ 砂糖・・・・・・・・・・・・・・40g
  │ 塩・・・・・・・・・・・・・・・9g
  └ みりん・・・・・・・・・・小さじ2分の1杯

スモークサーモン・・・市販のもの1パック
青ジソ・・・・・・・・・・・・・・10枚
野沢菜の漬け物（葉先だけ）・・・5〜6枚
しめサバ・・・・・・・市販のもの1パック
木の芽・・・・・・・・・・・・・・適宜
金粉（あれば）・・・・・・・・・・適宜
イクラ・・・・・・・・・・・・・・適宜

作り方

1 米は研いでざるに上げ、水と昆布を加え、約1時間置いた後、昆布を入れたまま炊飯器の目盛り通りの水量にして普通に炊く。

2 Aを混ぜ合わせすし酢を作る。

3 盤台にご飯をあけ、2を回しかける。切るように混ぜ、団扇であおいで冷ます。35〜45gずつに丸めておく。

4 しめサバは5mmの斜めそぎ切りにする。

5 ラップを広げ、サーモン、青ジソ、丸めたすし飯を置き、キュッとねじるように絞り、形作る。しめサバと野沢菜でも同様に作り、サーモンには金粉を、サバには木の芽を、野沢菜は上面に十字の切れ目を入れイクラを乗せる。

ソースカツ丼

我が家の子どもたちが育ち盛りのころカツ丼は人気メニューでしたが、「卵でとじたのじゃなくて、ソースがかかったのがいいな」とリクエストがあり、早速何度か作って我が家の定番メニューに加えました。肉の下味を、塩、コショウではなく、酒としょうゆで付けるのがコツ。肉が香ばしくなります。

ショウガ焼き用のお肉で作ってもおいしいですよ。その際は肉が薄いので味が濃くなり過ぎないように、肉の下味用のしょうゆの量を少なくして、酒を増やしてください。

時間のないときには、市販のトンカツを買ってきて、ソースだけ作ってみてください。短時間ででき、お助けメニューになります。

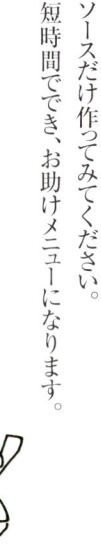

材料（4人分）

豚ロースカツ用	4枚
キャベツ	120g
しょうゆ（下味用）	大さじ1杯弱
酒（下味用）	大さじ1杯弱
卵	1個
小麦粉	適量
パン粉	適量
デミグラスソース缶	1缶
タマネギ	大3分の2個
油	大さじ2杯弱
和風だし汁	50cc
酒（ソース用）	50cc
しょうゆ（ソース用）	小さじ1杯
トマトケチャップ	小さじ2杯
揚げ油	適量
ご飯	適量

作り方

1 タマネギはみじん切りにして、油を敷いた鍋で、しんなり透き通ってくるまで根気よく炒める。

2 1にデミグラスソース、ソース用の酒、しょうゆとケチャップ、だし汁を加えて、中火で混ぜる。好みのとろみがついたら味をみて火を止める。

3 豚肉は肉たたき、またはビール瓶の底などでたたき、酒、しょうゆで下味を付ける。そのまま15〜20分置いて味をなじませる。

4 味をなじませる間に、キャベツは洗って千切りにしておく。

5 3の肉に小麦粉、溶き卵、パン粉の順に衣をまぶして、熱した油で揚げる。肉の中に火が通るまで色よく揚げ、揚げあがったら2〜3cm幅に切る。

6 器にご飯を入れてキャベツを敷き、カツを並べて2のソースをかけて出来上がり。

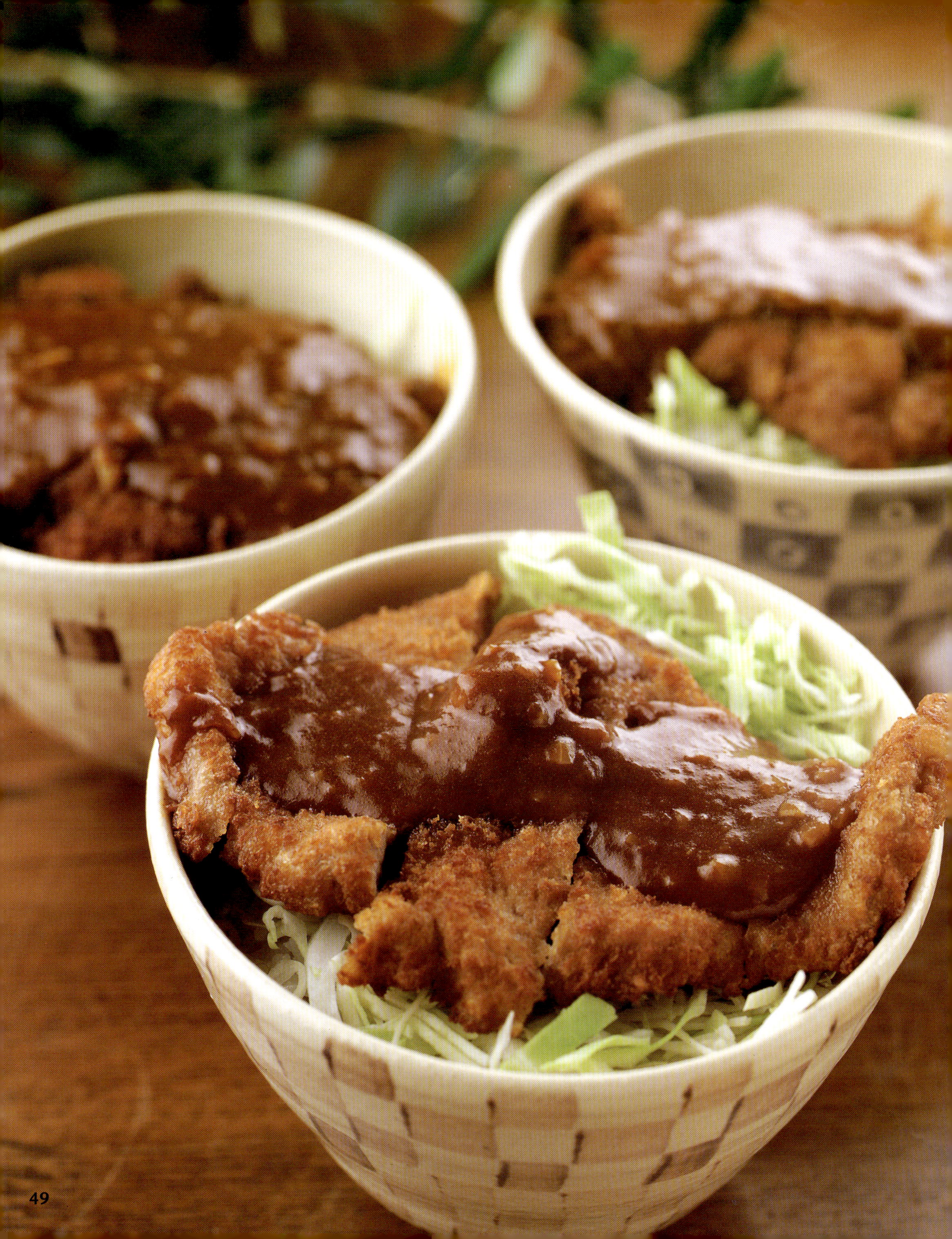

里芋団子の
あんかけ

材料(4人分)

サトイモ	300〜400g
シーフードミックス	150〜200g
シイタケ	2〜3枚
サラダ油	適量
カタクリ粉	適量
揚げ油	適量
だし汁	300cc
三つ葉	適宜

A ┌ しょうゆ ……… 小さじ2杯
　├ 塩 ……………… 少々
　├ みりん ………… 小さじ1杯
　└ 酒 ……………… 小さじ1杯

とろみ用カタクリ粉 ……… 小さじ2杯

作り方

1. サトイモは皮ごと洗って土をよく取り、電子レンジで7〜8分(イモの大きさによって変わります)かけて軟らかくし、粗熱をとってつぶす。

2. シーフードミックスと粗みじん切りしたシイタケを、サラダ油を敷いたフライパンで炒め、火を通す。

3. 1と2を合わせて、好みの大きさの団子をつくり、カタクリ粉をまぶす。

4. 3の団子を揚げ油でこんがりと少し色が付くまで揚げる。

5. だし汁を小鍋に入れてAの調味料を加え、同量の水で溶いたカタクリ粉でとろみをつける。器に盛った団子に出来上がったあんをかけ、三つ葉を散らす。

一見凝った和食のように見えますが、
実は見た目よりもずっと簡単。
ゆずみそを付けてもいけます。
お店に出てくるような和食も
簡単に作れます。

高野豆腐の揚げ煮

材料（4人分目安）
- 高野豆腐・・・・・・・・・・・・・・・・・・・・・・4枚
- シメジ・・・・・・・・・・・・・・・・・2分の1パック
- ニンジン・・・・・・・・・・・・・・・・中3分の1本
- だし汁・・・・・・・・・・・・・・・・・・・・・・250cc

A
- 酒・・・・・・・・・・・・・・・・・・・・・・・大さじ1杯
- 砂糖・・・・・・・・・・・・・・・・・・・小さじ1杯強
- しょうゆ・・・・・・・・・・・・・・・・・・・・・50cc

- 揚げ油・・・・・・・・・・・・・・・・・・・・・・・適量
- カタクリ粉・・・・・・・・・・・・・・・・・・・・適量
- ショウガ・・・・・・・・・・・・・・・・・・・・・・適宜

作り方

1. 高野豆腐は水で戻して固く絞り、一口大に切ってカタクリ粉をまぶした後、油でカリッと揚げる。

2. 鍋にだし汁とAの調味料を入れ、ひと煮立ちさせ、シメジ、薄切りにしたニンジンなどを加え火を通す。

3. 2に揚げた高野豆腐を加え、3分程度煮て味をなじませる。

4. 3を盛り付けて、千切りのショウガを散らす。

memo ニンジンをもみじ型などに抜いて加えると季節感が出ます。

高野豆腐を油で揚げて
サッと煮た個性的な食感です。

サケのちらし寿し

ことあるごとに祭りずしを作る義母に習った、少し自慢のおすしです。
より簡単に手直しして自分のレシピにしました。
合わせ酢さえ覚えてしまえば、あとはあなたも"おすし名人"！
具は辛く煮ないで、ほんわり甘く煮るのがコツですよ。

材料（4人分）

- 米・・・・・・・・・・・3カップ
- 昆布・・・・・・・・・15cmほど
- サケ・・・・・・・2〜3切れ（薄塩のもの）
- 三つ葉・・・・・・・・・・2束
- 高野豆腐・・・・・・・・・2枚
- レンコン・・・・・・・100〜150g
- ゴボウ・・・・・・・・・・50g
- 卵・・・・・・・・・・・3個

A
- だし汁・・・・・・・・・200cc
- しょうゆ・・・・・・・小さじ1杯
- 砂糖・・・・・・・・・大さじ2杯
- 塩・・・・・・・・・・小さじ1杯
- みりん・・・・・・・・大さじ1杯

B
- 酢・・・・・・・・・・・80cc
- 砂糖・・・・・・・・・・・60g
- 塩・・・・・・・・・・・・13g

※酢80ccのうち30ccをユズ、橙、すだち酢などに替えると風味がより豊かになります。

作り方

1. 米はたっぷりの水で手早く研ぎ、昆布を入れて1時間ほど置く。

2. 高野豆腐は水で戻して、手のひらにはさんで水気を切り、縦4等分にし、3〜5mmの厚さに切る。

3. レンコンは皮をむき、縦6〜8等分（レンコンの大きさによって）にして2〜3mm幅に刻み、さっと水洗いしてザルにあげる。

4. ゴボウは細切りにして水にさらし、アク抜きをしてザルにあげておく。

5. サケは焼いて皮と骨を除いてほぐしておく。

6. 三つ葉はさっとゆでて、2cmぐらいに切っておく。

7. レンコン、高野豆腐、ゴボウを鍋に入れ、Aの調味料のうち砂糖を加えて甘みをなじませ、残りの調味料を加えてゆっくり煮含める。冷めたら軽く絞っておく。

8. 卵を溶いて薄く焼き、1×3cmくらいの短冊切りにする。

9. 1の米を炊き、炊き上がったら昆布を取り出してすし桶に移し、Bの合わせ酢をかけ、木しゃもじでさっくり切り混ぜる。人肌ぐらいまで団扇であおぎながら冷ます。

10. すし飯が適温になったら、5〜8の具を加えて混ぜ合わせ、器に盛る。

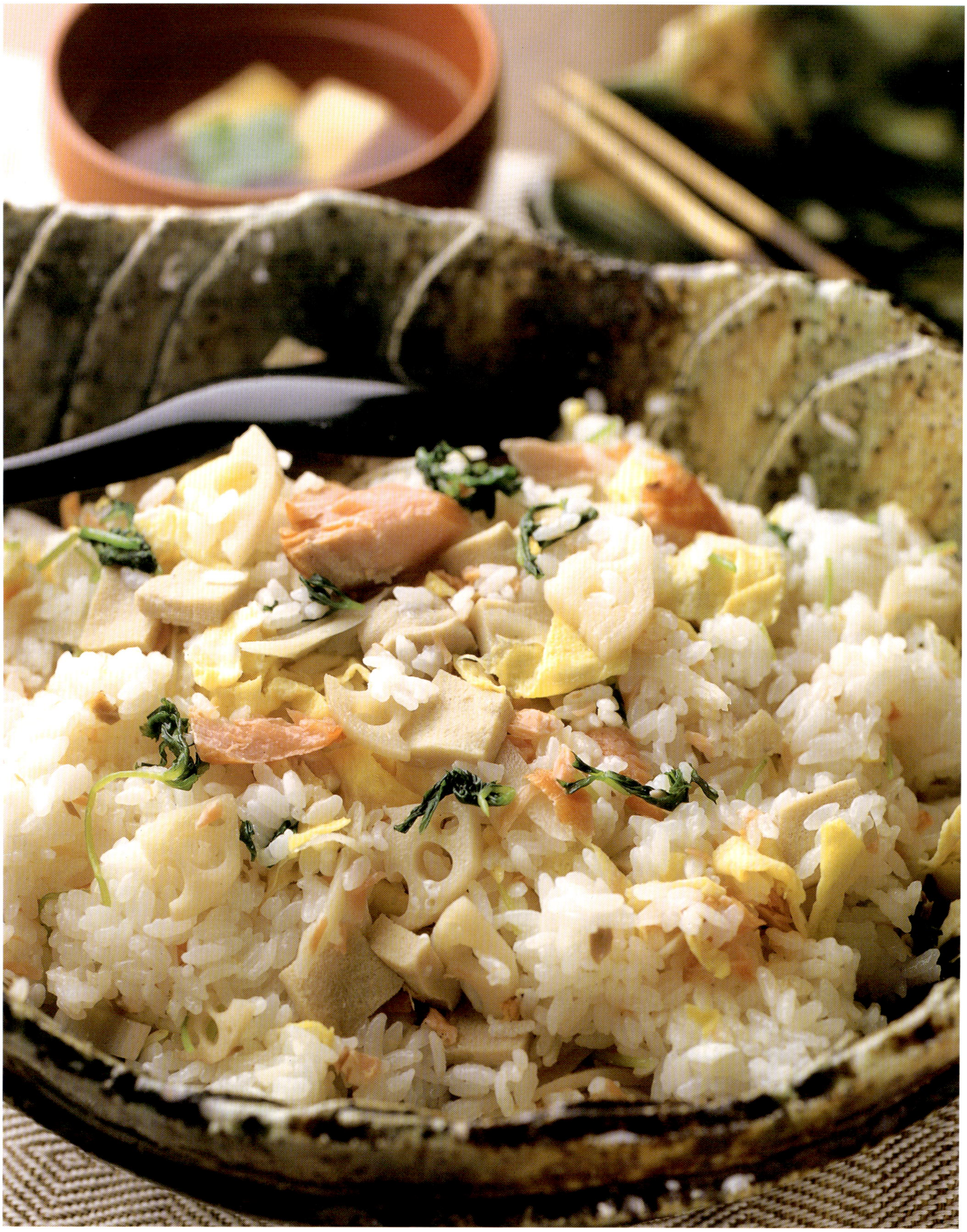

カボチャの肉みそサラダ

作り方は簡単で、お酒にも合います。ぜひ作ってみてください。

材料 (4人分)

- 水菜（軟らかいもの）・・・・200〜300g
- サラダホウレンソウ・・・・・・2分の1束
- カボチャ・・・・・・・・・・・・200〜300g
- 豚ひき肉・・・・・・・・・・・・・・150g
- 揚げ油・・・・・・・・・・・・・・・・適量
- 白ネギ・・・・・・・・・・・・・・2分の1本
- ニンニク（みじん切り）・・・・小さじ1杯弱
- ショウガ（みじん切り）・・・・小さじ1杯弱
- ゴマ油・・・・・・・・・・・・・・大さじ1杯

A
- テンメンジャン・・・・・・・・大さじ2杯強
- みりん・・・・・・・・・・・・・・大さじ3杯
- しょうゆ・・・・・・・・・・・・・大さじ1杯
- オイスターソース・・・・・・・大さじ1杯
- コショウ・・・・・・・・・・・・・・・少々

作り方

1. 白ネギ、ニンニク、ショウガをみじん切りにする。

2. フライパンにゴマ油を熱し1をサッと炒め、香りが立ったら豚ひき肉を加えてパラパラになるまで炒める。

3. 2にAの調味料を加え、汁気が少し残る程度で火を止める。

4. カボチャは5mm角に切る。器に入れラップをして、電子レンジに2〜3分かける。水分を取り、170℃の油でカラッとなるまで揚げる。

5. 水菜とホウレンソウを4〜5cmに切る。

6. 5とカボチャを器に盛り、3をかける。

memo Aの調味料は、チャーハンや卵焼きに入れてもおいしいです。

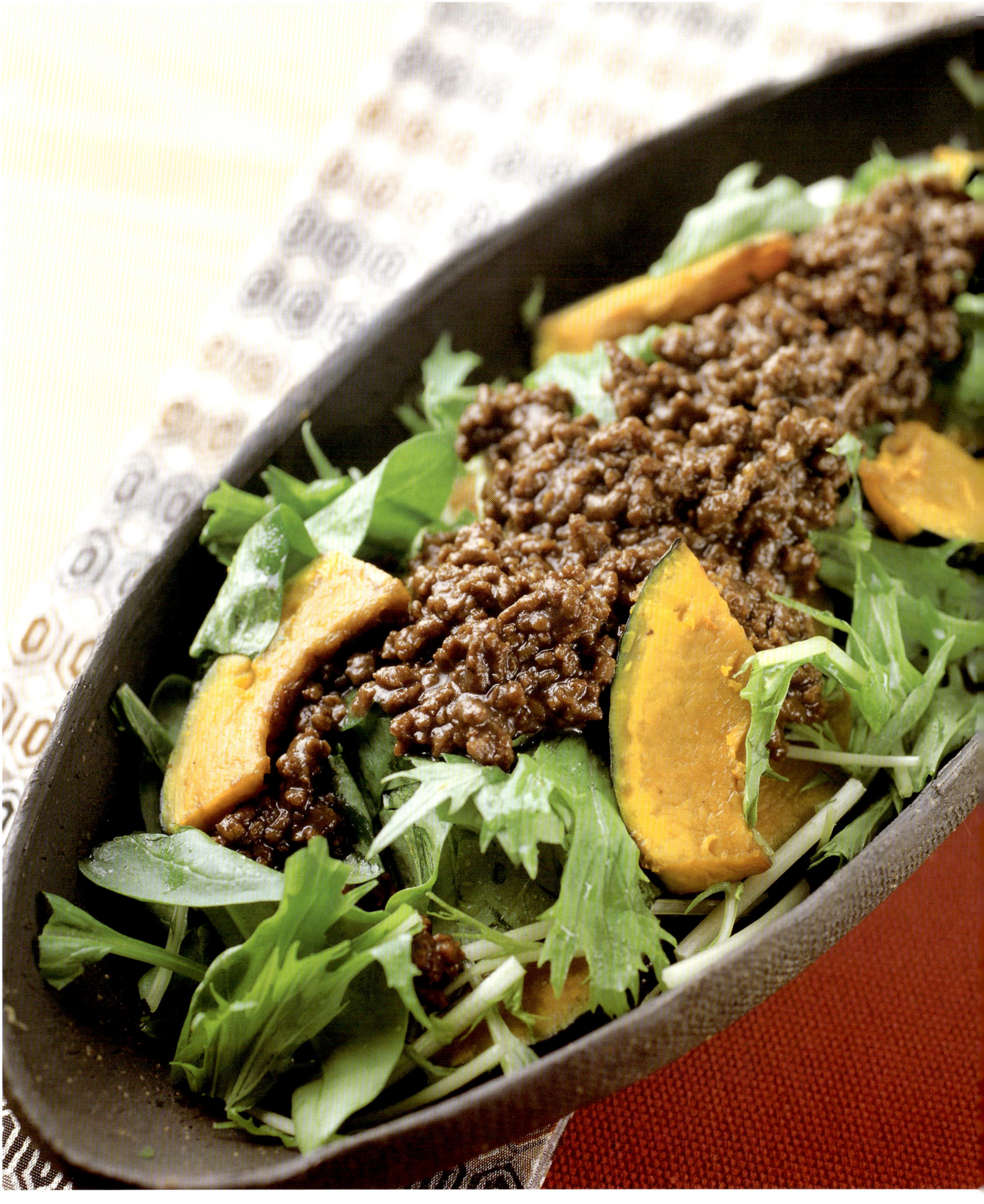

スピードグラタン

材料（4人分）

- ジャガイモ（メークイン）……300g
- タマネギ……300g
- ベーコン……30g
- マッシュルーム……1パック
- バター……30g
- A
  - 生クリーム……80cc
  - 白みそ……15g
  - マヨネーズ……15g
- ピザ用ナチュラルチーズ……適量

作り方

1. ジャガイモは皮をむいて5mm厚さにスライスして、レンジに4分くらいかける。（火を通して軟らかくする）

2. タマネギは薄くスライスしておく。マッシュルームも2〜3mmの厚さにスライスする。

3. フライパンにバターを溶かし、タマネギを透き通るくらいまで炒める。途中、マッシュルーム、ベーコンを加えてさっと火を通す。

4. 1のジャガイモと3のタマネギ、マッシュルーム、ベーコンを合わせてAのソースと混ぜ合わせる。耐熱容器に入れ、チーズをかけて200℃のオーブンで色づくまで焼く。（約5分）

memo アスパラ、マイタケ、ブロッコリーなどでもおいしいですよ。

材料（3〜4人分）

- スパゲティ・・・・・・・・・・・・・・・・・80g×3
- 水菜・・・・・・・・・・・・・・・・・・・・・・・70g
- ベーコンまたはハム・・・・・・・・・・100g
- サラダ油・・・・・・・・・・・・・・・・大さじ1杯
- グラタンソース・・・・・・・・・・・・・・・適量

作り方

1. ベーコンまたはハムは細切り、水菜は4〜5cm幅に切っておく。

2. フライパンにサラダ油を敷き、ベーコンまたはハムを炒めカリッとしてきたら、水菜を加えサッと炒める。

3. 表示通りにゆでたパスタを加え、前ページ「スピードグラタン」Aのソースを加え、混ぜ合わせて器に盛る。

みそマヨソースのパスタ

あまりにも手早くできておいしい、スピード料理を思いついてしまいました。ホワイトソースを作らなくてもよい、とっても簡単なグラタン。下味のいらない、手間のかからない料理です。また、このソースは、パスタにも相性バッチリ！ゆでたパスタにからめるだけで、コクのあるホワイトソースのパスタができあがります。

ちょっとおしゃべり③

愛用の道具たち

我が家に来たのが"縁"の道具たち。どれもこれも○十年選手！ 使い込んでいます。でも私、道具類の整理整頓・掃除のたぐいは大の苦手。合言葉は「明日しよう、あさってしよう、キライなことは日延ばしに…」まさこ

愛用のやかん、何度空炊きしたことやら！ それでももう20年以上元気に活躍しています。

友人が私の結婚祝いにくれた銅のフライパン。27年使っています。油がよくなじんで使いやすいですね。

ケーキ作りには欠かせない、私の"右腕"。卵を泡立てたり、バターを攪拌したり、粉を混ぜ合わせたり…。もう15年選手のこのミキサー、かなり音も大きくなってきましたが、使いやすさは一番です。

包丁は必ず年に2～3回は砥いでもらっています。

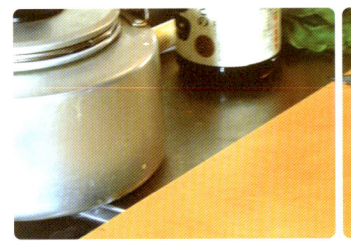

結婚以来、いや独身時代からつけ続けた手書きマイレシピ。試行錯誤を繰り返して、何度も書き直したり、書き足したりしました。味にも、はやり廃りがあって、同じレシピでも調味料の分量を変えたりするのはしょっちゅう。昔はフレンチのようなヘビーな味が好まれましたが、今は、イタリアンやエスニックのような軽いタッチの味が流行のよう。味にも、時代時代の旬があるのです。

58

冬
みんなが集うとあったかい

winter

牛肉の
ビール煮込み

材料（4〜5人分）
- 牛バラ肉塊・・・・・・・・・・・600g
- タマネギ・・・・・・・・・・・中2〜3個
- サラダ油・・・・・・・・・・・大さじ2杯
- 水・・・・・・・・・・・・・・2カップ半
- ビール・・・・・・・・・・・・1カップ半
- 生パン粉（または食パン）・・・・1カップ
- トマトケチャップ（あればトマトペースト）
  ・・・・・・・・・・・・・・・大さじ2杯
- ブーケガルニ
  （セロリ・パセリ…各少々、ローリエ…2枚）
- ブイヨン・・・・・・・・・・・・・・2個
- 黒砂糖・・・・・・・・・・・大さじ1杯強
- 塩・・・・・・・・・・・・・・・・・少々
- コショウ・・・・・・・・・・・・・・少々
- 小麦粉・・・・・・・・・・・・・・・少々

作り方

1. タマネギは薄切りにしてサラダ油大さじ2杯を熱した鍋に入れ、木ベラで混ぜながら、あめ色になるまで炒める。

2. 牛バラ肉は大きめの角切りにして、塩、コショウを振り、小麦粉をまぶす。

3. フライパンにサラダ油少々（分量外）を熱し、肉を入れて全面に焼き色をつけ、1の鍋に加える。

4. 3に水、ビール、パン粉、トマトケチャップ、ブーケガルニ、ブイヨン、黒砂糖を加えて強火にかけ、煮立ったらアクと油をすくって弱火にし、ふたをして約2時間煮込む。

5. 肉に竹串を刺して、スーッと通ればOK。最後に塩、コショウで味を調える。

ビールライス

ビール煮込みの残りのソースは
うまみがたっぷり出ているので、
捨てないで使い切りましょう。

材料 作り方

チャーハンを作る要領で、冷蔵庫の残り野菜（ニンジン、タマネギ、ピーマン、マッシュルームなど）とお肉やベーコンなどを炒めて、残りのソースとケチャップで味付けします。煮込み方でソースの残量が違うので、たくさん残ったら、仕上げに少し上にかけてもおいしいです。好みで塩、コショウして味を調節してください。

使用するビールによって出来上がりが違います。
黒ビールだと深いコクが出ますが、苦味も強くなります。
軽いタッチのビールだとサラッとした仕上がりです。
ブーケガルニは普通取り出しますが、
我が家ではセロリとパセリを小さく切って煮込んで食べてしまいます。
残ったソースは炒めご飯の素にどうぞ。
ケチャップと塩、コショウ、冷蔵庫の残り野菜を刻んで加えます。

鶏のサワークリーム煮

作り方は簡単ですが、味は本格派！
我が家ではおもてなしの時によく登場する一品です。

材料 (4人分)

- 鶏モモ肉・・・・・・・・・・・・・・・・・・・・・800g
- タマネギ・・・・・・・・・・・・・・・・・・・・・1個
- ベーコン・・・・・・・・・・・・・・・・・・・3〜4枚
- サワークリーム・・・・・・・・大さじ4杯程度
- 生クリーム・・・・・・・・・・・・・・・・・50cc
- アスパラガス・・・・・・・・・・・・・・・・・1束
- 本シメジ・・・・・・・・・・・・・・・・・1パック
- セロリの葉・・・・・・・・・・・・・・・・2〜3枚
- ブイヨン・・・・・・・・2袋（1袋8gのもの）
- 水・・・・・・・・・・・・・・・・・・・・・・・・600cc
- サラダ油、バター・・・・・・・・・・・・・各適量
- 塩、コショウ・・・・・・・・・・・・・・・各少々

作り方

1. アスパラガスは塩ゆでし5cm幅くらいの斜めそぎ切りにしておく。

2. シメジは石づきを取ってほぐし、バター少々でソテーしておく。

3. 鶏モモ肉は2つに切って、塩、コショウを軽くしておく。

4. タマネギ、ベーコンはみじん切りにし、サラダ油とバターで炒める。

5. 3の肉をサラダ油小さじ1杯で皮の方から軽く焼いておく。

6. 4に水とブイヨンを加え、セロリの葉を刻んで入れ、5の肉を加えて1時間くらい煮る。

7. サワークリームと2のシメジを加えて、15分ほど煮、生クリームと1のアスパラガスを加えて、塩、コショウで味を調えて火を止める。

memo ゆでたブロッコリー、ホウレンソウやソテーしたマイタケ、マッシュルームなどとも相性バッチリ。ジャガイモやニンジンを加えると、一層栄養バランスも良くなります。また、残り汁にバターソテーしたシーフードなどを加えると、立派なパスタソースになります。

鶏モモ肉の豆乳煮込み

豆乳、黒ごま、はちみつと、ヘルシーな食材を使ってみました。料理は目と舌で食べるのですが、この品の色はグレー…。食卓に出すと嫌がられましたが、やっぱり黒ごまが一番！家族も「食べると悪くないね」って評価してくれました。煮込むだけなので簡単ですよ。

材料 (4人分)

鶏モモ肉・・・・・・・・・・・・400〜500g
ジャガイモ（メークイン）・・・・・・3〜4個

A
- 豆乳・・・・・・・・・・・・・・250g
- はちみつ・・・・・・・・・・大さじ1杯
- 酒・・・・・・・・・・・・・・・50cc
- 黒ゴマペースト・・・・・・・大さじ1杯
- 水・・・・・・・・・・・・・・100cc

しょうゆ・・・・・・・・・・・・・50cc
チャイブ（飾り付け用）・・・・・・・少々

作り方

1. ジャガイモは皮をむいて2cmの輪切りにする。

2. 鍋にAとジャガイモを入れる。

3. 沸騰したら鶏モモ肉を加えて、約10分煮る。

4. しょうゆを加えて、さらに20〜30分煮る。ジャガイモと鶏肉が軟らかくなって味がしみ込めばOK。

5. 鶏モモ肉を食べやすい大きさに切り、ジャガイモと一緒に器に盛る。飾り付けにチャイブをあしらう。

memo ジャガイモの替わりに小イモやシメジを入れてもおいしい。残り汁はもったいなので、うどんなどにかけて召し上がってください。結構いけますよ！

ブリのエスニックサラダ風

エスニックが流行し始めたころ、ナンプラー(東南アジアの魚のしょうゆ)を買ってみました。においって、なめて、なんとも異国の味わい! 日本人好みのタレにしようと、何度も味見を楽しみながら作ってみたら、我ながら上手にうま味とコクのある仕上がりになりました。

材料 (4人分)

- ブリ························4切れ
- ダイコン、レタス、クレソン、パプリカ ···················各適宜
- 揚げ油······················適量

A
- ナンプラー··············大さじ1杯
- バルサミコ酢·······大さじ2分の1杯強
- ゴマ油················大さじ1杯
- みそ··················小さじ1杯
- 砂糖··················大さじ1杯
- しょうゆ···············大さじ1杯
- みりん················大さじ1杯
- 粉トウガラシ········小さじ1杯(好みで)
- 水···················大さじ2杯

作り方

1. Aの材料を空き瓶に入れ、ふたをしてよく振っておく。

2. ダイコンは千切り、レタスは一口大に手でちぎる。クレソンは食べやすい長さに、パプリカは縦半分に切り、スライスする。

3. 器に2の野菜をふわっと盛り付ける。

4. ブリを180℃くらいの油でしっかり揚げて、3の野菜の上に乗せる。

5. 1のタレをかけて、ブリがアツアツのうちにいただく。

memo エビ、タラ、鶏肉などでもおいしいです。エビは冷めてもグッド。また野菜はブリーツレタス、アスパラガス、キュウリ、ニンジンなども合います。

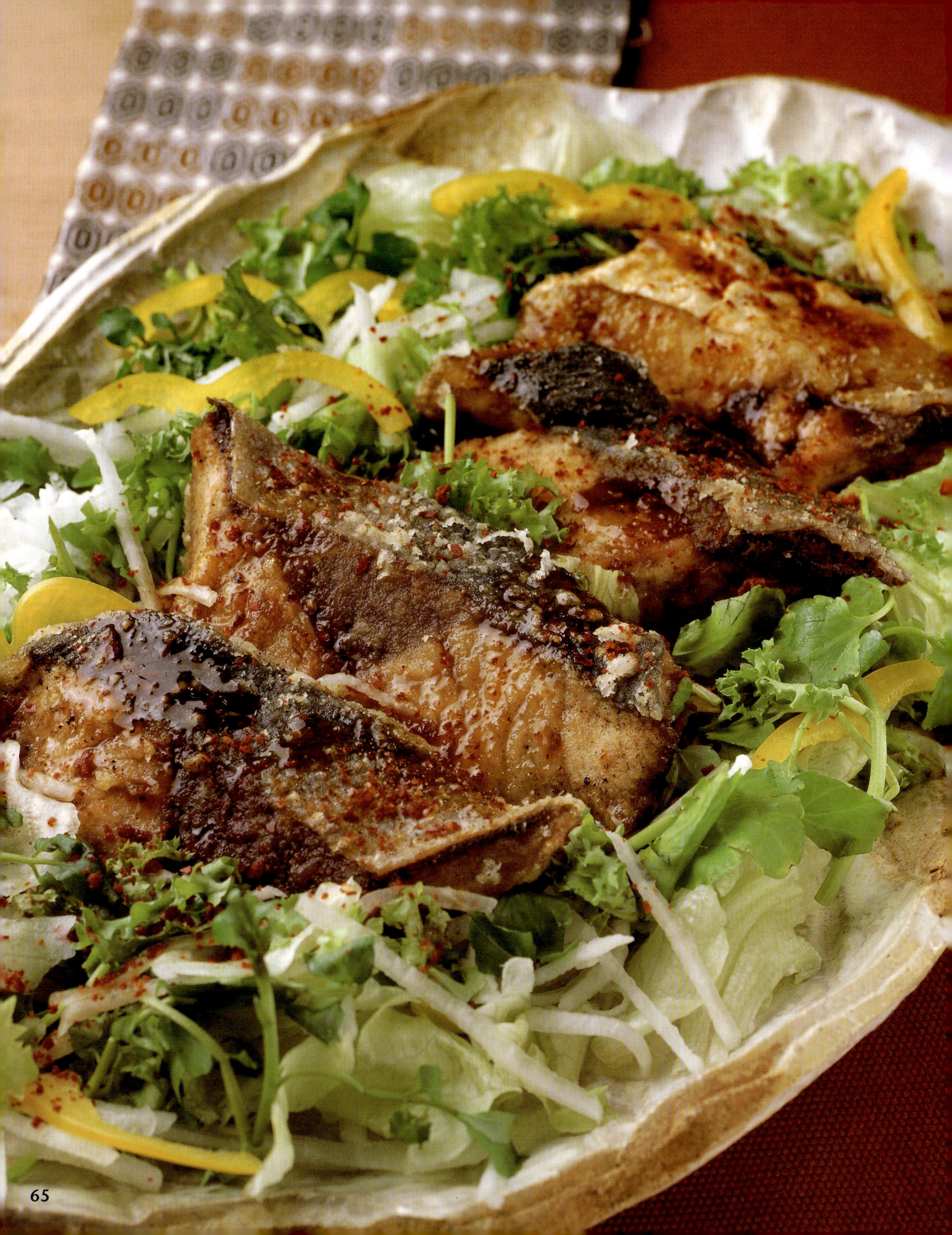

牛すじ肉のコチュジャン風煮込み

「この味はどうかな?」と、遊び心でコチュジャンやはちみつを入れた煮物を作りました。友達に食べてもらったところ好評で、あっという間にレシピが広まりました。ゆで卵を入れてもよく合いますよ。

材料（4人分）

- 牛すじ肉（生）……700g
- ダイコン……2分の1本
- こんにゃく……1丁
- しょうゆ……大さじ3杯
- コチュジャン……大さじ1〜2杯
- ニンニク……2〜3かけ
- 合わせみそ……大さじ1杯
- はちみつ……大さじ2杯
- いりこ……25〜30g

作り方

1. 脂分を抜くため、牛すじ肉がかぶるくらいの熱湯ですじ肉を2〜3分ゆでる。

2. ダイコンは約3cmの輪切りにして皮をむく。

3. こんにゃくは1cm厚さの長方形に切る（大きい場合はさらに2等分に）。熱湯で約2分ゆでてアクを抜き、水で軽く洗う。

4. いりこはガーゼに包むか、だしパックに入れる。

5. 鍋に水1ℓとしょうゆ、コチュジャン、ニンニク、合わせみそ、はちみつ、いりこ、牛すじ肉、ダイコン、こんにゃくを入れる。最初は強火で、煮立ったら弱火にして約1時間30分煮込む。途中で、浮いてきたアクや脂分をすくい取る。

6. 器に5を盛り付ける。

memo コチュジャンはピリリとしているので、辛いのが苦手な方や小さいお子さんがいらっしゃるご家庭は、分量を調整してください。また、残りの煮汁もおいしいので、卵を落としておじやにするのもオススメ。2つの味を楽しめます。

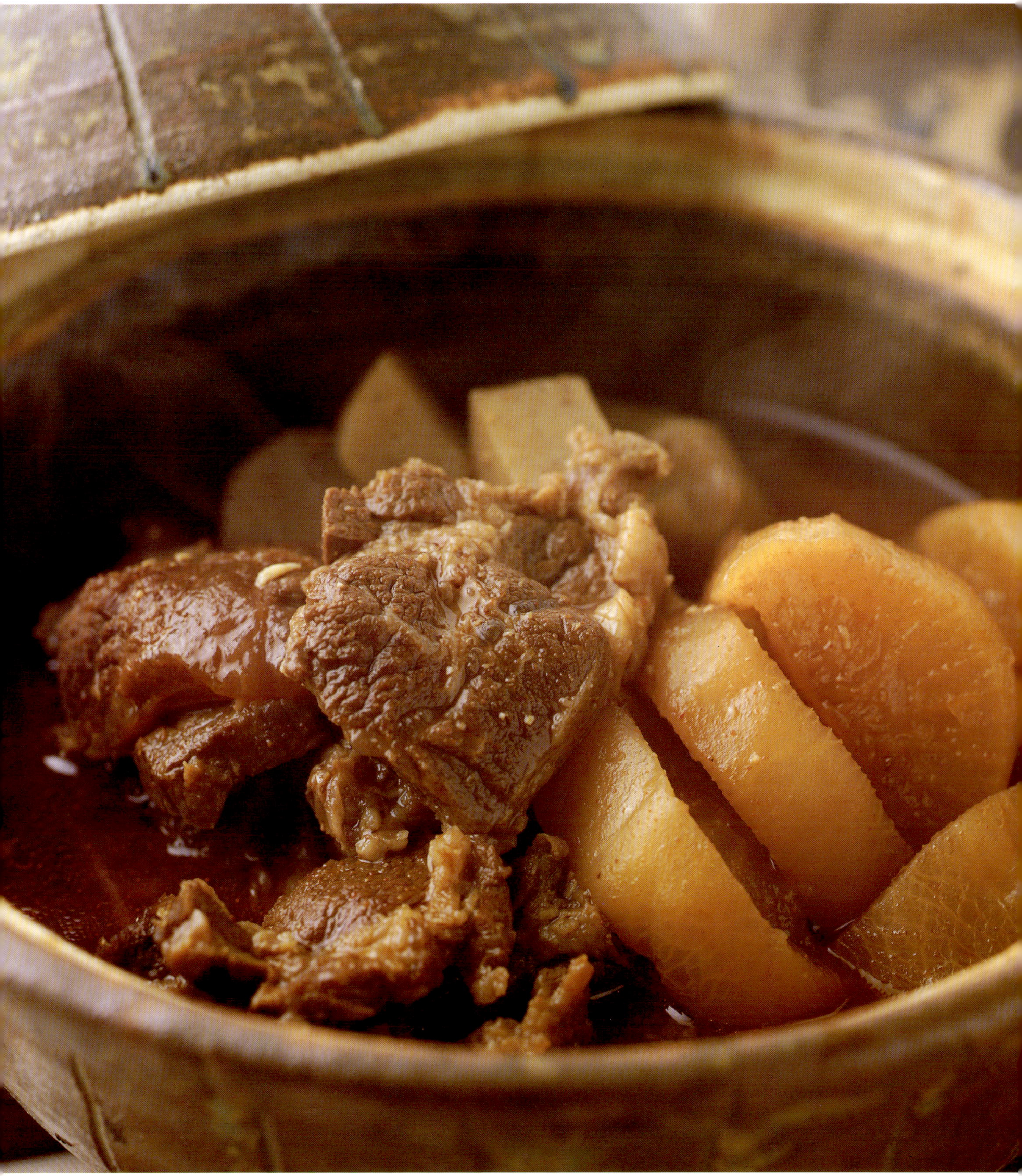

ミルク仕立ての田舎汁

温かいものが恋しくなる季節。少し古くなった牛乳を、冷蔵庫の隅で見つけた時、思いつきました。まろやかなみそ風味のスープです。

作り方

1. 豚バラ肉は5cmくらいの長さに切る。

2. ゴボウは皮をこそげ、5cmの長さに切って5mmくらいの短冊切りにし水にさらしておく。ニンジンも同じように切る。

3. あげは1×5cmくらいの短冊切りに。

4. 本シメジはほぐしておく。

5. 小芋は皮をむき、一口大に切ってゆがき、ぬめりを取っておく。

6. 鍋にサラダ油少々を敷き、豚バラ肉、ゴボウを軽く炒めてだし汁を加え、沸騰したら残りの具をすべて加える。火が通ったら牛乳を加え、みそを入れて味を調える。

7. 器に盛り、2cmくらいに切った三つ葉を散らす。

memo 途中アクが出たらすくう。みそによって仕上がりが違うので、必ず味見をしてください。

材料 (4人分)

豚バラ肉	100g
ゴボウ	20～30g
あげ	3分の1枚
ニンジン	20～30g
本シメジ	3分の1パック
小芋	小3～4個
牛乳	100cc
みそ	大さじ1杯強
だし汁	400cc（濃いだし）
三つ葉	少々
サラダ油	少々

中華風あんかけ焼きそば

定番のソース焼きそばに代わって、ひと味違ったそばを考えました。材料が全部そろわなくても大丈夫。野菜たっぷりの誰にでも愛される味に仕上がります。イカは下足（ゲソ）でもおいしいですよ。

材料（4人分）

- 蒸しそば･････････････4玉
- 豚バラ肉･････････････150g
- イカ（または下足）･････100g
- 白菜･････････････････200g
- ニンジン･･････････････30〜40g
- タマネギ･････････････2分の1個
- ピーマン･････････････1〜2個
- 干しシイタケ（生でもOK）･････3〜4枚
- 干しキクラゲ･････････････10g
- モヤシ･･･････････････100g
- 酒･････････････････30cc強
- ゴマ油･････････････少々
- 中華味の素（液体）･････50〜60cc
- ショウガ･････････････少々
- ニンニク･････････････2分の1かけ
- カタクリ粉･･･････････大さじ2杯
- 塩･････････････････適宜
- コショウ･････････････少々
- 油･････････････････大さじ3杯強

作り方

下ごしらえ

① 干しキクラゲ、干しシイタケは水で戻す。
② 白菜、タマネギ、キクラゲは約2cm、イカ、シイタケ、ピーマンは約1cmの細切りに、ニンジンは短冊切りに、ショウガ、ニンニクはみじん切りに、豚肉は5cmに切る。

1 鍋に油大さじ1杯強とゴマ油を熱し、ショウガ、ニンニクを入れて香りを出す。

2 1に豚肉を入れ、残りの材料を硬いものから、白菜の白い部分、ニンジン、タマネギ、キクラゲ、ピーマン、シイタケ、白菜の葉の部分、モヤシ、イカの順で入れて炒める。

3 2に酒、中華味の素、干しシイタケの戻し汁（または水）カップ2杯を加えひと煮立ちさせ、塩、コショウで味を調え、水溶きカタクリ粉でとろみをつける。

4 テフロン加工のフライパン（なければ油のよくなじんだフライパン）に油大さじ2杯を熱し、そば玉を1〜2玉ずつ何回かに分けて焼く。カリッとするまでほぐしたり、返したり根気よく焼くことがポイント。ここで食感が決まります。

5 4のそばに3のあんをかけて出来上がり。

memo チンゲン菜、マイタケ、セロリ、エビ、タケノコ、ニラなども合うと思います。あまりこだわらないで冷蔵庫の中のものとにらめっこしながら作ってください。

クリスマスのオードブル

生春巻き

材料
- ライスペーパー･･････････････8枚
- 緑豆春雨･･････････････････80g
- ブラックタイガー･････････････中16尾
- 赤ピーマン･････････････････4分の1個
- タマネギ･････････････････中4分の1個
- 青ジソ･････････････････････8枚
- チリソース（市販のもの）･･･････適宜

作り方
1. 春雨は2〜3分ゆで、水洗いし、水気を切っておく。
2. ブラックタイガーは塩ゆでして、殻をむいておく。
3. ピーマンは薄切りにする。
4. タマネギは薄くスライスし、水にさらして、その後水気を切っておく。
5. ライスペーパーは1〜2分水にくぐらせて戻し、青ジソ、春雨、ブラックタイガー、赤ピーマン、タマネギを乗せてチリソースをかけて、普通の春巻きの要領で巻く。

カナッペ

材料
- クラッカー･･･････････････････4枚
- スモークサーモン････････････････4枚
- サラダ菜･･････････････････････2枚
- タマネギ･･･････････････････6分の1個
- レモン･･････････････････････薄切り1枚
- ケッパー･･････････････････････8粒
- ディル･･････････････････････少々

ソース
- 生クリーム･･････････････大さじ2杯
- サワークリーム･･････････････大さじ1杯
- マヨネーズ･･････････････大さじ1杯

作り方
1. サラダ菜はクラッカーの上に置き、はみ出さないくらいにカットする。
2. タマネギはみじん切りにし、水に約10分さらして絞る。
3. レモンは約6等分に切る。
4. 生クリーム、サワークリーム、マヨネーズを合わせてソースを作る。
5. 1の上に巻いたサーモン、4のソース、タマネギ、ケッパー、レモン、ディルをあしらう。

貝柱とイクラのレモン添え

材料
- ホタテの貝柱･････････････････8個
- イクラ･････････････････大さじ2杯
- レモン･･････････････1cmの輪切り2枚
- サニーレタス････････････････少々
- バター･････････････････････少々

作り方
1. ホタテの貝柱は一口大に切る。
2. フライパンにバターを溶かし、貝柱をサッと炒める。
3. 器のグラスにサニーレタスを敷き、貝柱を置いて上にイクラを乗せる。
4. レモンは半月切りにし、縁に切り目を入れグラスにかけておく。食べる時にレモンを絞っていただく。

スパイシーチキン

材料
- 鶏モモ肉・・・・・・・・・200〜250g
- グレープフルーツジュース・・・・250cc
- しょうゆ・・・・・・・・・・50cc
- はちみつ・・・・・・・・大さじ1〜2杯
- 水・・・・・・・・・・・・・50cc
- 八角・・・・・・・・・・・・1個
- シナモン・・・・・・小さじ5分の1杯

作り方
1. 鶏肉は一口大の大きさに切る。
2. 全ての材料を小鍋に入れて中火で20〜30分煮る。

少しおしゃれ気分で、大きめのトレーに前菜風に盛り付けてみました。

クッキーリース

ストーブの暖かさが恋しくなる季節、我が家ではリースに使う実を採りに行ったり、小物をそろえたりと、少しずつクリスマスの準備を始めます。クリスマスのプレゼントやパーティーに、こんなクッキーリースはいかが？

材料 (4人分)

- 薄力粉・・・・・・・・・・・・・・・120g
- アーモンドプードル・・・・・・・・・30g
- 砂糖（あれば粉砂糖）・・・・・・・・50g
- 有塩バター・・・・・・60g（常温にしておく）
- 全卵・・・・・・・・・・・・・・・2分の1個
- 卵白（生地の表面に塗るもの）・・・・適量
- バニラエッセンス・・・・・・・・・・少々
- ラム酒・・・・・・・・・・・小さじ2分の1杯
- ココア・・・・・・・・・・・・・・・7～8g
- ローリエ（飾り付け用）・・・・・・・適宜

作り方

1. ボウルにバターを入れ、泡立て器でよくかき混ぜクリーム状にする。砂糖を加えて混ぜ合わせる。

2. 卵を少しずつ加え、バニラエッセンス、ラム酒を加えて混ぜる。アーモンドプードルも加え混ぜる。

3. 薄力粉をふるって、2回に分けて加える。切るように軽く混ぜ合わせ、2等分する。

4. 片方だけにココアを加えて、色がムラにならないように混ぜる。

5. それぞれの生地をラップに包み、冷蔵庫で1時間以上休ませる。（ひび割れを防ぐため）

6. 5を厚さ約5mmに伸ばし、好みの型で抜き、ストローでひもを通す穴を開ける。生地が粉っぽいと口当たりが悪くなるので、手粉の量はなるべく少なめに。

7. 生地の表面に卵白を塗る。（アーモンドを飾る場合は、溶き卵を塗り、アーモンドスライスを載せ、さらに溶き卵を塗る。卵を塗らなくても素朴な出来上がりに）

8. 170～180℃のオーブンで約8分焼く。

9. クッキーにひもを通し、リースに飾り付け、ローリエをバランスよく挿し込む。星モールを回して、端をリース台に挟んで出来上がり。

memo クッキーはだれでも失敗なく作れます。ただし、良いバターを使って。味がウンと違います。ラム酒を水や牛乳に代えてもOK。アーモンドプードルなしで、全部薄力粉にしてもよいです。全卵1/2個を卵黄1個に代えると、ずいぶん濃厚な味わいになりますよ。たくさん作って冷蔵庫で保存しておくと、約2週間は持つので便利です。

フードプロセッサーを使うと、もっと簡単に作れます。その場合の作り方はこちら。

❶ フードプロセッサーに薄力粉（ふるわなくてもよい）、アーモンドプードル、砂糖、バターを入れて、サラサラになるまで混ぜる。

卵、バニラエッセンス、ラム酒を加えてサッと混ぜ合わせる。

❷ 半量をフードプロセッサーから出し、残りの生地にココアを加えて混ぜる。

❸ 前述の5に続く。

ごちそうグラタン

材料 （5人分目安）
- バター（ホワイトソース用）……30g
- 小麦粉……60g
- 牛乳……600cc

A
- 生クリーム……100cc
- 卵黄……2個分
- ブランデー……大さじ1杯
- オイスターソース……大さじ1杯
- ブイヨン……1袋（1袋8gのもの）

- ミニホタテ……150g
- 頭付きエビ……8～10尾
- タマネギ……2分の1個
- 本シメジ……1袋
- マカロニ……50～60g
- 塩……少々
- コショウ……少々
- ホウレンソウ……1束
- パルメザンチーズ……大さじ2杯
- バター……適量

作り方

1. ホウレンソウは塩少々で軽くゆがいて冷水に取り、絞って3cmくらいに切っておく。

2. ホワイトソースを作る。フライパンにバターを溶かし、小麦粉を炒め、牛乳を少量ずつ加えてなめらかに溶きのばしながら、弱火でとろりとなるまで煮る。Aの材料を加えなじませて火を止める。

3. マカロニは指定の時間より少し短め、少し硬めにゆでておく。

4. タマネギは粗みじん切りに、本シメジはほぐしておく。

5. 頭付きのエビは頭だけを残して皮をむき、背わたを取って軽く塩、コショウをしバターで焼いておく。（頭が取れやすいのでやさしく扱って。もし取れたときは焼く前に並べておいても大丈夫）

6. フライパンにバターを溶かし、タマネギを透き通るまで炒め、ホタテ、本シメジを加えて火が通ったら2のホワイトソースの3分の2の量とマカロニを加えてなじませる。塩、コショウで味を調える。

7. 器の周りにホウレンソウを置き、エビを形良く並べて、中心に6を流し入れ、残りのホワイトソースをかける。チーズを振り、230℃に熱したオーブンで約10分焼く。

ビュッシュ・ド・ノエル

クリスマスケーキは手作りでいかがですか。生地にもクリームにもチョコレートを加えた、ミルキータッチのビュッシュ・ド・ノエル。家庭で作りやすいよう、たくさんの材料を買いそろえなくてもよく、そして見栄えも味もよいという、お勧めのケーキです。クルミやスライスチョコ、マロンなどを巻き込んでもおいしいですよ。

作り方

準備

① 生地用のチョコを刻み、バターと同じ容器に入れ、60℃の湯せんで溶かす。
② 天板にオーブンシートを敷く。
③ オーブンは170℃に温めておく。
④ 飾りチョコ用のアイビーの葉はよく洗い乾かす。チョコを60℃の湯せんで溶かし、葉の裏側に塗って固まってからはがす。

1. 卵を卵白と卵黄に分ける。

2. 卵黄のボウルに砂糖30gを加え、手が浸けられる程度の温度の湯せんにかけ、ポッタリするくらいまで泡立てる。

3. 卵白にまず砂糖10gぐらいを加え、全体が泡立ったら残りの砂糖40gぐらいを2〜3回に分けて加え、硬めのメレンゲを作る。

4. 2に3の4分の1を加え、ゴムベラで混ぜる。残りを加え、泡を生かすように混ぜる。

5. 4に上から小麦粉をふるい入れて混ぜる。さらにチョコとバターを溶かしたものとラム酒を加え混ぜ合わせる。

6. 天板に均一になるよう生地を伸ばし、オーブンで約12分焼いて冷ます。生地からオーブンシートはがし、そのまま下に敷いておく。

7. クリームを作る。刻んだチョコと100ccの生クリームを湯せんで溶かし混ぜる。ボウルに移して常温で冷まし、残りの生クリームすべてを加えて八部立てに。

8. 6の生地に7のクリームの3分の1の量を、手前は少し厚め、奥は薄く塗る。下に敷いていた紙の手前を持ち上げてロール状に巻く。巻き終わりを下にして端を斜めに切る。

9. 皿に移し、ケーキの下側から順にクリームを波形の口金で絞り、表面全体を覆ってチョコの葉やアザランをデコレーションする。

フルーツカクテル

材料（10人分）

シロップ
- レモン･･････････････1個
- 砂糖（グラニュー糖）･･････200g
- 白ワイン･･････････････150cc
- 水･･････････････800cc

中身
- 生クリーム･･････････････200cc
- 牛乳･･････････････200cc
- 砂糖（グラニュー糖）･･････70g
- バニラエッセンス･･････････少々
- 寒天パウダー･･････････6g
- リンゴ･･････････････2分の1個
- イチゴ･･････････････2分の1パック
- バナナ･･････････････1本
- キウイ･･････････････2個
- 白桃缶･･････････････1缶
- 黄桃缶･･････････････1缶
- パイナップル缶･･････････小1缶
- ナタデココ･･････････････適宜
- レモン･･････････････適宜

作り方

1. シロップを作る。鍋に水と砂糖を入れて煮溶かす。火を止めてワインを加え、冷めたらレモン汁を1個分絞り入れる。

2. 別の鍋に牛乳、砂糖、寒天パウダーを入れ、混ぜながら煮溶かす。沸騰したら生クリームを入れてひと煮立ちさせて火を止め、バニラエッセンスを加え、型に流して冷ます。

3. 缶詰と果物を適当な大きさに切って、1のシロップの中に入れる。

4. 食べる直前に2を適当な大きさに切って、3に加える。最後にレモンの輪切りを乗せて出来上がり。

memo 量がたくさんできるので、大勢のお客様向き。我が家では大好評の一品です。シロップの分量さえ間違えなければ、何を足しても、引いてもOK。食事の最後にお出しください。

材料（1本分）

生地
- 卵白･･････････････3個
- 卵黄･･････････････3個
- 砂糖･･････････････80g
- 小麦粉･･････････････80g
- スイートチョコ･･････････25g
- バター･･････････････25g
- ラム酒･･････････････大さじ1杯

クリーム
- 生クリーム･･････････････400cc
- スイートチョコ･･････････70g

飾り用チョコの葉
- スイートチョコ･･････････20g
- アイビーの葉･･････････数枚
- アザラン･･････････････適宜

私のケーキ作りの原点は、スポンジケーキ作りでした。
一番最初の作品は、本を見ながら必死で作りました。
新婚早々の主人に、
「このケーキはパンだ！」と言われ、ひどくショックを受けたものです。
当時、それは真実と、自分でもわかりました（苦笑）。
以来、我流で一日に何冊もの本とにらめっこしながら、
ムキになって一日に何個も焼き続けたものです。
そのうち、汚れるものは最小限に、
できるだけ簡単にと、私のやり方ができあがっていき、
お客様がいらしても、その場でササッと焼けるようになりました。
意地悪だった主人に今では感謝です（笑）。
材料は、卵と小麦粉と砂糖とバターだけ。
たったこれだけの材料でできるなんて…。
子供のころは、ケーキなんて特別な人が作るものと信じていたのですが。

甘

スイーツ・コレクション

sweet

77

ブドウのショートケーキ

材料（27×14cm 1本分）

- マスカット‥‥‥‥‥‥‥‥‥適宜
- ピオーネ‥‥‥‥‥‥‥‥‥‥適宜
- ブラックベリー‥‥‥‥適宜（冷凍でも可）
- ラズベリー‥‥‥‥‥‥適宜（冷凍でも可）
- ミニキウイ‥‥‥‥‥‥‥‥‥適宜
- アイビーの葉‥‥‥‥‥‥‥‥‥適宜
- アラザン‥‥‥‥‥‥‥‥‥‥適宜
- ホワイトスライスチョコレート‥‥30～40g
- 生クリーム（乳脂肪40％以上のもの）
  ‥‥‥‥‥‥‥‥‥‥‥‥300cc
- 粉砂糖‥‥‥‥‥‥‥‥‥大さじ1杯半強

A
- ナパージュ‥‥‥‥‥‥‥‥小さじ2杯
- パールアガー‥‥‥‥‥‥‥小さじ1杯弱
- 砂糖‥‥‥‥‥‥‥‥‥‥‥大さじ1杯
- 水‥‥‥‥‥‥‥‥‥‥‥‥‥100cc

作り方

1. スポンジ（次ページ参照）の生地が完全に冷めたら薄紙をはがし、2等分にする。器に半分の生地を乗せ、カスタードクリーム（下の作り方参照）と果物を混ぜ合わせたものを乗せ、上に残りの半分の生地を重ねる。

2. 生クリームに粉砂糖を入れ、八分立てにする。（泡立て器を持ち上げると、クリームがたらーっとゆっくり流れ落ちるようになるとよい）

3. 2の生クリームの3分の1の量を1に下塗りする。続いて残ったクリームを全体にパレットで均一にならす。

4. 上にホワイトスライスチョコを振りかけ、その上に果物をあしらう。上に乗せた果物は皮や種は取り除き、乾かないようにハケでAのつや出しゼリーを塗る。

5. 全体にバランス良く果物とアイビーの葉をあしらい、アラザンを散らす。

A　つや出しゼリー

Aの材料をすべて鍋に入れ、泡立て器でかき混ぜ溶かし、かき混ぜながら火にかけて沸騰したら火を止め、そのまま冷ます。人肌くらいになったらハケで果物に塗る。固まってしまったら、再び火にかければやり直しができる。

memo 果物は季節によって、イチゴやイチジクなど、様々に取りそろえて飾ると楽しい。皮をむいたものや切ったものは、つや出しゼリーを塗ると長時間たってもきれいです。すぐ食べる場合はそのままでもOK。

カスタードクリーム

材料

- 卵黄‥‥‥‥‥‥‥‥‥‥‥‥3個
- 牛乳‥‥‥‥‥‥‥‥‥‥‥250cc
- 薄力粉‥‥‥‥‥‥‥‥‥‥‥20g
- コーンスターチ‥‥‥‥‥‥‥20g
- グラニュー糖‥‥‥‥‥‥‥‥45g
- 生クリーム‥‥‥‥‥‥‥‥‥50cc
- ラム酒‥‥‥‥‥‥‥‥‥大さじ1杯
- バター‥‥‥‥‥‥‥‥‥‥‥30g
- バニラエッセンス‥‥‥‥‥‥‥少々
- 洋なし（缶詰）‥‥‥‥‥‥1.5個分
- キウイ‥‥‥‥‥‥‥‥‥‥‥1個

作り方

1. ボウルにふるった薄力粉とコーンスターチ、グラニュー糖を入れ、泡立て器でかき混ぜ、牛乳半量を加えてよく混ぜる。

2. さらに卵黄を入れて、混ぜ合わせる。

3. 残りの牛乳も足して、中火にかけ煮立つまで泡立て器で絶えずかき混ぜながら火を通す。煮立ったところで、木ベラに持ち替え、さらに練り混ぜていくと滑らかになってくる。

4. バター、ラム酒、エッセンスを加えてさらに混ぜ合わせ火を止める。粗熱が取れたら、ラップを張り付けて冷ます。（そのまま冷ますと膜ができるため）

5. 冷めたら八分立てにした生クリームを加え混ぜる。

6. 皮をむいたキウイ、洋なしを粗く刻み、⑤に混ぜる。

スポンジ

材料（27×27cm天板1枚分）

- 卵・・・・・・・・・・・・・・・・・・4個（大玉）
- 砂糖・・・・・・・・・・・・・・・・・・120g
- 薄力粉・・・・・・・・・・・・・・・・100g
- バター・・・・・・・・・・・・・・・・40g
- ラム酒・・・・・・・・・・・・・・大さじ1杯

（バターとラム酒を一緒にして溶かしておく。レンジを使用してもいい）

作り方

※オーブンを200℃にセット。
※天板にわら半紙を敷いておく。

1. 卵を50℃くらいのたっぷりのお湯に漬けて温めておく。
2. 卵を入れるボウルも、入れる前にボウルの裏から熱湯をかけ温めて、卵を入れほぐして、砂糖を加えて泡立てる。
3. 生地をすくい上げたとき、ゆっくりと"8"の字が書けるくらいまで、硬く泡立てるとよい。
4. ③に薄力粉を少し高い位置からふるい入れる。ゴムベラに持ち替えて、切るように混ぜ、溶かしバターを2〜3回に分けて大きく混ぜる。
5. 用意しておいた天板に生地を流す。
6. カードなどで、表面を平らにならす。
7. 予熱したオーブンに入れ、温度設定を180℃に下げ、11〜12分焼く。取り出したらすぐ20cmくらいの高さからトンと落とす。
8. 天板から生地を薄紙ごと取り出し、網などに乗せて冷ます。

まさこ風チーズケーキ

このスフレタイプのチーズケーキは、私のおはこ。最初は何かの本を見て作ったのですが、イマイチ。3回手直しして元のカタチはどこへいったやら、別のチーズケーキになってしまいました。でも、自分なりに納得のいくチーズケーキが初めてできたときの楽しさは今でも忘れられません。「こんなのができてしまいました―！」っていう感じでした。みんなに褒められ、自信を持った一品です。

材料（21cm丸型1個分）

- クリームチーズ……………250g
- 薄力粉………………………60g
- 牛乳…………………………150cc
- 生クリーム…………………180cc
- 卵……………………………大玉4個
- 砂糖…………………………90g
- ブランデー…………………20cc
- 好みのリキュール（コアントロー、アマレット、マラスキーなど）………30cc

A
- パールアガー………………5〜8g
- ブルーベリー缶詰…………2分の1缶
- 砂糖…………………………大さじ1〜2杯
- ブランデー…………………小さじ1杯

作り方

※オーブンを200℃にセットしておく。
※型の側面にバターを塗り、底に紙を敷く。

1. 鍋に牛乳を入れて薄力粉をふるい入れ、ダマにならないように混ぜる。クリームチーズも入れ、泡立て器で混ぜながら中火で煮る。

2. ドロッとしてきたら火からおろし、卵黄を加えて混ぜる。

3. 生クリーム、ブランデー、リキュールを加えて混ぜる。

4. 卵白を泡立てる。途中、砂糖を2〜3回に分けて加え、硬いメレンゲを作る。

5. 3の生地に4のメレンゲを少しずつ加える。ムラなく混ざったら型に流し入れる。

6. 天板に型を置いて、熱湯を回りに張ってオーブンへ入れる。

7. 200℃で10分、170℃に下げて20〜25分焼く。

8. 冷ましてから型から取り出し、皿へ盛る。

9. Aの材料を全部鍋に入れ、かき混ぜながら火にかける。沸騰したら火からおろし、トロッとするくらいまで冷まして8のケーキの上に流す。

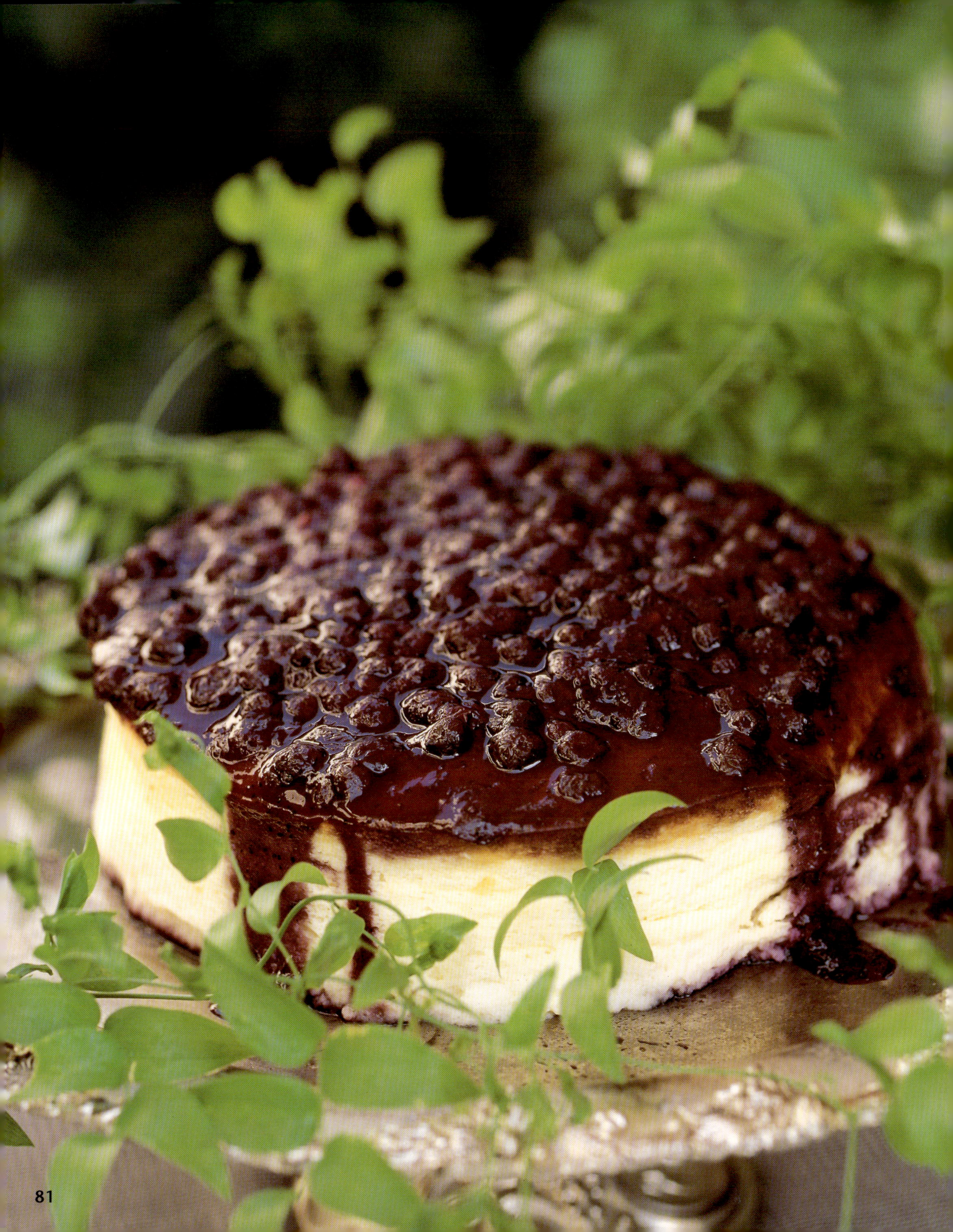

アップサイドダウンケーキ

紅玉リンゴが店先に並ぶと"急いで！"と心にスイッチが入る私。アップサイドダウンケーキ、スパイシーりんごケーキ、そしてりんごジャムと、必ずこの3つは作らないといけないと、私の中で決まっているのです。作る順番もなぜだかいつも同じ。どれも私の秋の味！

材料（18cmか21cmの丸型1個分）

- リンゴ・・・・・・・・・・・・・・・・・・・・・・2個
- 砂糖・・・・・・・・・・・・・・・・・・・・・・・70g
- バター・・・・・・・・・・・・・・・・・・・・・・80g

A（バターケーキの生地）
- バター・・・・・・・・・・・・・・・・・・・・・150g
- 砂糖・・・・・・・・・・・・・・・・・・・・・・・70g
- ブラウンシュガー・・・・・・・・・・・・・・30g
- 卵・・・・・・・・・・・・・・・・・・・・・・・・・2個
- 生クリーム・・・・・・・・・・・・・・・・・60cc
- 薄力粉・・・・・・・・・・・・・・・・・・・・200g
- ベーキングパウダー・・・・・・・・小さじ1杯
- ブランデー・・・・・・・・・・・・・・・大さじ1杯
- リンゴのリキュール（あればでOK）
  ・・・・・・・・・・・・・・・・・・・・・・・大さじ1杯

作り方

1. 卵、バターは室温に戻しておく。

2. 鍋に砂糖を入れて中火にかけ、色付き始めたら鍋をゆすって色を均一にする。きれいな茶色になったらバターを入れ木じゃくしで混ぜ合わせ、火を止め型に流す。

3. リンゴは皮をむき芯を取り、8～12等分のくし形に切る。

4. バターケーキの生地を作る。ボウルにAのバターを入れ、泡立て器でクリーム状にする。Aの砂糖、ブラウンシュガーを加えて、白っぽくフワッとなるまで混ぜ合わせる。

5. 卵をほぐして4に加えながら混ぜる。

6. ゴムベラに持ち替えて、薄力粉とベーキングパウダーをサッと合わせたものをふるいながら5に加え、底からすくい上げるように粉気がなくなるまで混ぜ、生クリーム、ブランデー、リンゴのリキュールを加えて再び混ぜる。生地にしっかりなじんでいれば出来上がり。

7. 2にリンゴを並べ上から6の生地を入れる。

8. 約180℃のオーブンで35～40分焼く。

9. 焼き上がったら熱いうちに周囲にナイフを入れ、皿に返す。

memo 焼き上がって型から返す時はタイミングが大切。粗熱が取れれば周りにパレットナイフを入れて離し、そして返します。冷めてしまうと、くっついて出ません。

83

スパイシーりんごケーキ

作り方

1. 天板にアルミホイルを敷く。オーブンは170～180℃に温めておく。

2. 薄力粉とベーキングパウダー、シナモン、アーモンドプードルを合わせておく。

3. ボウルに卵と砂糖を入れ、少しもったりとするまで泡立て、サラダ油を加えてさらに混ぜる。

4. 3にリンゴを加え、ヘラで混ぜる。

5. 2の粉類を4のタネの中へふるい入れ、ボウルを回しながら、サクサクと混ぜる。

6. 5を天板に入れる。固めのタネにまとまるので、天板の隅まできっちりとヘラで伸ばす。170～180℃のオーブンで30分焼く。

7. 焼き上がったら粗熱を取り、ホイルからはがす。最後に粉砂糖をふるう。

応用編
お好みのオリジナルで遊んでみてください。

- アーモンドプードルを使わず、全部薄力粉にする
- 干しぶどうを大さじ3杯ほど加える
- ブランデーを大さじ1杯加える
- ナツメグを小さじ1杯加える
- 生クリームに砂糖少々を加えて八分立てにし、ケーキに添える

りんごジャム

材料
- 紅玉リンゴ・・・・・・・・・・・・・・・・・4～5個
- グラニュー糖・・・リンゴの正味量の20%
- レモン汁・・・・・・・・・・・・・・・・・・・・・少々

作り方
1. リンゴは皮をむいて8等分にし、芯を取り、薄くスライスしておく。

2. *1*のリンゴをホーロー、ステンレス、または土鍋に入れ、分量のグラニュー糖をまぶして火にかけ、時々かき混ぜながら煮詰める。

3. ほどよい軟らかさになったら、レモン汁少々を加え、煮立ったら火を止める。

材料（27×27cm天板1枚分）
- リンゴ・・・・・・・・・・・・・小2個（5mmのイチョウ切りにしてレモン汁をかけておく）
- 薄力粉・・・・・・・・・・・・・・・・・・・・・200g
- アーモンドプードル・・・・・・・・・・・50g
- ベーキングパウダー・・・・・小さじ1杯半
- シナモン・・・・・・・・・・・・・・・・小さじ1杯
- 卵・・・・・・・・・・・・・・2個（常温にしておく）
- 砂糖・・・・・・・・・・・・・・・・・・・・・・100g
- サラダ油・・・・・・・・・・・・・2分の1カップ
- 粉砂糖（飾り用）・・・・・・・・・・・・・・少々

ホワイトチョコレートの シフォンケーキ

ホワイトクリスマスをイメージして、シフォンケーキの生地にホワイトチョコレートを入れてみると、想像通りのやさしい、やさしい味になって、とても幸せな気分です。

生クリームなしでも、おいしくいただけますよ。

コツといえば、卵白をしっかり泡立てること。手早く混ぜて泡を消さないこと。

まずはフワフワに焼くことを目的に作ってみましょう。

イチゴなど身近な果物でオリジナルの飾り付けを楽しんでみてください。

飾り付けは少々失敗しても、身の回りの花や葉の力を借りれば大丈夫です。

材料（直径17cmのシフォンケーキ型1個分）

- 薄力粉・・・・・・・・・・・・・・70g
- ベーキングパウダー・・・小さじ2分の1杯
- 砂糖・・・・・・・・・・・・・・60g
- 卵白・・・・・・・・・・・・・・3個（大玉）
- 卵黄・・・・・・・・・・・・・・2個（大玉）
- サラダ油・・・・・・・・・・・・50cc
- ブランデー・・・・・・・・・大さじ1杯
- 牛乳・・・・・・・・・・・・・・30cc
- ホワイトチョコレート・・・・・・40g
  （できればクーベルチュールチョコレート）

デコレーション用
- 生クリーム・・・・・・・・・・・200cc
- 粉砂糖・・・・・・・・・・・・大さじ1杯半
- スライスチョコレート・・・・・・20g
- アラザン・・・・・・・・・・・・少々
- 好みの果物・・・・・・・・・・・適宜

作り方

1. オーブンを170℃にセットする。

2. ホワイトチョコレートは細かく刻んで、牛乳、ブランデーと合わせ、50～60℃の湯せんにかけて溶かしておく。

3. 卵を卵白と卵黄に分ける。（冷蔵庫から出したばかりでも大丈夫）

4. ボウルに卵黄と3分の1の量の砂糖を入れ、泡立て器で白っぽくなるまで混ぜる。次にサラダ油を加え、もったりするぐらいまでよく混ぜ、さらに2のチョコレートを加えて混ぜる。

5. 薄力粉とベーキングパウダーをスプーンなどでぐるぐるっと混ぜて、4に高めの位置からふるいながら一度に加える。粉がよく混ざるまで泡立て器でしっかり混ぜる。

6. 卵白に残りの砂糖の3分の1を加えて泡立てる。泡が立ってきたら残りの半分の砂糖を加え、さらにしっかりと泡立て、角が立ち始めたら残りの砂糖をすべて加える。つやつやしたメレンゲになり、ボウルを逆さにしても落ちなくなる状態まで泡立てる。

7. 5の卵黄生地の中に6のメレンゲの3分の1を加え、泡立て器でぐるぐる回しながら混ぜ合わせる。残りのメレンゲの半分を加え、さらによく混ぜる。最後に残ったメレンゲを入れたらゴムベラでボウルの底からさっくりと全体を混ぜ合わせる。

8. 生地をやや高めの位置から型に流し入れる。

9. 170℃に温めておいたオーブンで25～27分焼く。焼き上がったらすぐ逆さにして完全に冷ます。型からはみ出している部分を切り落として平らにし、型の中央の穴と周囲にナイフを入れて型からはずす。

10. デコレーション用の生クリームに砂糖を加え、七分立てにし、ケーキの周りにパレットナイフで生クリームを全体に塗る。

11. デコレーション用のスライスチョコレート、アラザン、果物などで飾り付ける。

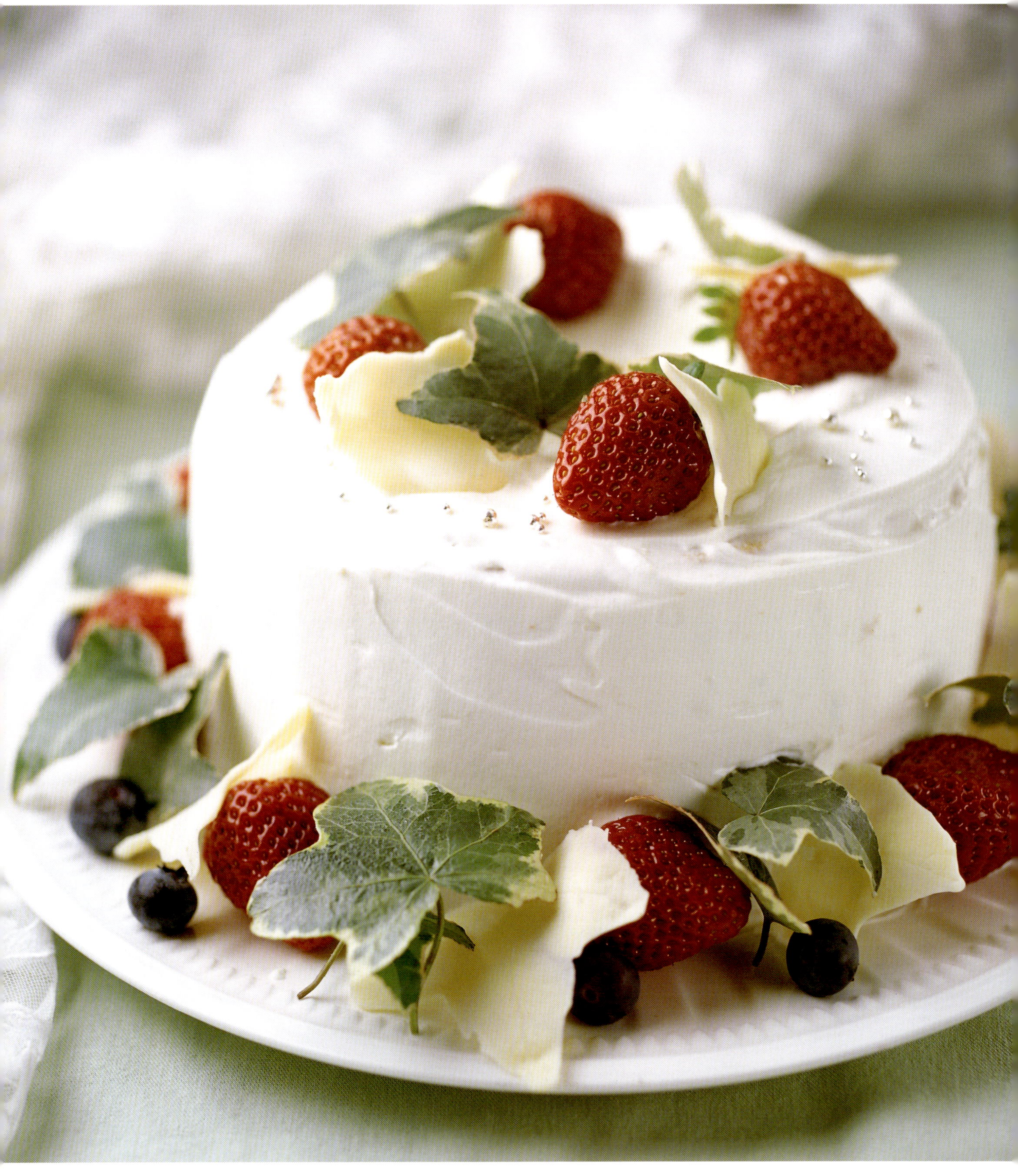

ジンジャー風味の パウンドケーキ

パウンドケーキは我が家の便利菓子。一度に4〜5本まとめて焼いておきます。冷凍庫に保存し、不意のお客様の時にお出ししたり、ラッピングして手みやげにしたり…と重宝しています。もちろん常温でも10日は大丈夫です。

材料 (8×20cmのパウンド型1本分)

- バター・・・・・・・・・・・・100g（常温に）
- グラニュー糖・・・・・・・・・・75g
- アーモンドプードル・・・・・・・30g
- 卵（全卵）・・・・・・・・・・・1個（常温に）
- 卵黄・・・・・・・・・・・・・・1個（常温に）
- 生クリーム・・・・・・・・・・・30cc
- ラム酒・・・・・・・・・・・・・20cc

A
- 薄力粉・・・・・・・・・・・・100g
- ベーキングパウダー・・・・・・小さじ1杯

※Aサックリ混ぜておく

B
- しょうが・・・・・すりおろしたもの 大さじ2分の1杯
- はちみつ・・・・・・・・・・・大さじ1杯

※B合わせておく

バリエーション
私がよく焼くケーキの具材を紹介します。材料のBの代わりに試してみて下さい。

- 黒ゴマ・・・・・・・・・大さじ2分の1杯
- ラム酒・・・・・・・・・・・・20cc
- 砂糖の3分の1量を黒砂糖に替えてもよい

- マーマレードジャム・・・・・大さじ2杯
- コアントロー・・・・・・・・・20cc
- 好みのナッツ、ラム酒漬けのレーズンを加えてもよい

- りんごジャム・・・・・・・・大さじ2杯
- シナモン・・・・・・・・小さじ4分の1杯
- アマレット・・・・・・・・・・大さじ1

作り方

準備
① 卵と卵黄は一緒にときほぐす。
② オーブンを200℃に予熱しておく。
③ 焼き型にオーブンペーパーを敷くか、型にバターを塗って粉をふるうかしておく。

1 バターをボウルに入れ空気をしっかり含ませるように混ぜる。ピカッとつややかになったらグラニュー糖を2回に分けて加えさらに混ぜ、なめらかになったらアーモンドプードルを加え混ぜる。

2 1の生地に卵を少しずつ加えて混ぜる。

3 なめらかな生地になったら、Aを少し高めの位置からふるい入れて混ぜ、粉っぽさがなくなったら、生クリーム・ラム酒・Bと順番に混ぜ入れていき、型に流しオーブンに入れ、170℃に温度を下げて40分焼く。

4 必ずケーキの中央に竹串を刺して焼き具合を確かめる。何もついてこなければ大丈夫。

5 オーブンから出し粗熱が取れたら型からはずす。ケーキが乾くとパサつくので、ラップで包んでおく。またビニール袋に入れて密閉し冷凍しておけば一ヵ月はもつ。

パンプキンカップケーキ

ほっこりおいしいお菓子が味わいたくなる秋は、カボチャを使ってケーキを焼きます。素朴ですが、食べるとしっとりとして、控えめな甘さ。ティータイムに楽しんだり、ギフトにするのもお勧めです。

材料（カップ約10個分）

カボチャ	180g（皮つきのまま）
バター（有塩）	150g
ブラウンシュガー	60g
卵黄	2個
生クリーム	50cc
ブランデー	大さじ1杯強
卵白	2個
上白糖	50g
クルミ	少々

A:
- 薄力粉　200g
- ベーキングパウダー　小さじ1杯
- シナモン　小さじ1杯
- メース（あれば）　少々
- ジンジャー（あれば）　少々
- カルダモン（あれば）　少々

作り方

1. バター、卵、生クリームは常温に戻しておく。オーブンを170℃にセットする。

2. カボチャは皮つきのまま2～3cm厚さに切って、電子レンジで約5分（軟らかくなるまで）かけ、つぶしておく。
※カボチャは蒸し器で蒸してもOKです。

3. Aの粉類を合わせてふるっておく。（空気を含ませるため）

4. ボウルにバターを入れて、ハンドミキサーでよく練る。白っぽくなったらブラウンシュガーを少しずつ加えて、さらに白っぽく、ふわっとした状態になるまで練る。

5. 4に卵黄、生クリーム、カボチャ、ブランデーを順番に加え、その都度よく混ぜる。

6. 別のボウルに卵白を入れて七分立てにし、上白糖を加えてさらに泡立てる。しっかりと角が立つまで硬めのメレンゲを作る。

7. 5のボウルに6のメレンゲの半分を加えて、ゴムベラでさっくりと混ぜる。さらに3の粉をふるいながら加え、混ぜる。

8. 残りのメレンゲを加えてさっくりと混ぜる。型に流し入れ、上にクルミを飾る。

9. 170℃に温めておいたオーブンで18～20分焼く。

材料（4人分）

- 栗皮付き……………………500g
- 牛乳…………………………200cc
- グラニュー糖………………110g
- バニラオイル………………少々
- ラム酒………………………大さじ1杯
- 生クリーム…………………適宜

作り方

1. 栗は皮付きのまま、たっぷりの水に一晩漬けておく。（皮をむきやすくするため）

2. 栗の皮の横に切り込みを入れ（ナイフの元の部分を使うとよい）、たっぷりの湯で4〜5分ゆでる。

3. ゆでた栗をザルにあげて水気を切り、鬼皮と渋皮をむく。

4. 鍋に3の栗と牛乳、水1カップ、グラニュー糖を入れ、バニラオイルとラム酒を加えて、弱火で竹串を刺してスッと通るまで、約20分くらい煮る。（牛乳を入れることによりアクが取れて、渋みが残らなくなります。また、栗によって硬さが違うので、ゆで時間は目安です）

5. 器に盛り生クリームをかけて食べる。（生クリームは八分立てにしてかけるときれいですが、少量なので面倒であれば、そのままでもいいと思います）

マロン シャンティ

桃の
コンポート

材料（4人分）
桃‥‥‥‥‥‥‥‥‥800g（約5個分）
砂糖‥‥‥‥160g（桃の20〜25％）
ブランデー‥‥‥‥‥‥‥‥小さじ2杯
ヨーグルト‥‥‥‥‥‥‥‥‥‥‥適宜

作り方

1. 桃は皮をむいて種を残し、包丁で果実だけを切り取る。

2. 土鍋に桃を入れ、砂糖をざっとまぶして中火で煮る。桃から汁が出て透き通ってきたら、火を止めブランデーを入れる。（途中1〜2回ざっくりと混ぜる）

3. 冷やしてヨーグルトをかけ、あればミントをあしらう。

memo 一週間は冷蔵庫で保存OK。ビン詰めの場合は、桃と煮汁を入れ軽く閉め、蒸し器で20〜30分蒸して火を止め、すぐにふたをギュッと閉める。約2年は常温保存できますよ。シャーベットやゼリーなど幅広く使えます。

父が趣味で桃作りをしています。毎年収穫時期になるとクズ桃ができるので、それを煮てビンで保存し、デザートやプレゼントに利用しています。少し難のある桃で十分ですが、岡山の清水白桃はスゴイ！味は本当に一流で、高知の果物屋さんも絶賛です。

ホットケーキ

卵と牛乳は温めてから使うことがコツ。卵は40〜50℃のお湯に入れておきます。牛乳は30〜40℃くらいに温めます。卵の泡立ちが早くなり、温かい牛乳はせっかく泡立てた卵の泡を消すことがありません。

卵がもったりするまでしっかり泡立てます。泡立てるうち驚くほどきめが細かくもったり、フワフワしてきます。ケーキのタネは時間をおくと泡が消えてしまい、膨らみが悪くなるので注意しましょう。

シロップはハチミツ、メープルシロップなどで。ないときは、少しの砂糖をキツネ色に焦がして風味を付けた後、砂糖1カップと水2分の1カップを煮立てて作ります。

我が家定番の人気メニュー。友人にふるまうと、「ホットケーキ・ミックスを使わないの？」と驚かれ、市販のものとはひと味違うと好評です。作り方は簡単ですが、この簡単さの中に、スポンジケーキの基本がたくさん含まれています。気取らずサラリと焼けるようになったら、本格的なお菓子作りにトライしてみてください。ゆっくりとした休日にぜひどうぞ。

材料 （3〜4人分）

薄力粉	200g
ベーキングパウダー	小さじ2杯
卵	2個
砂糖	50g
バニラエッセンス	少々（好みで）
牛乳	200cc
バター	適宜
シロップ	適宜
サラダ油	適量

作り方

1 薄力粉とベーキングパウダーをボウルに入れ、スプーンかはしでかき混ぜておく。

2 別のボウルに卵と砂糖を入れ、もったりするまでよく泡立てる。

3 泡立ったら、温かい牛乳を加えて全体を混ぜ合わせる。1の粉類をふるいながら入れ、手早く混ぜる。バニラエッセンスを加える。

4 厚手のフライパン、またはホットプレートを温めておき、サラダ油を落として紙で全体に薄く伸ばす（油を薄く伸ばすことできれいに焼ける）。フライパンが熱くなったら、3のタネを玉じゃくしですくい、好みの大きさに焼く。

5 表面がよく膨らんでブツブツと泡が立ち乾いてきたら、下の面がきれいに焼けた合図。様子をみて裏返し、少し火を通して器に取る。

6 熱いうちにバターを乗せ、シロップをかけていただく。

93

ちょっとまとめておしゃべり

イベントで遊ぶ！
デザートバイキング
～ウエディング～

2001年の2月、知り合いの結婚式のデザートバイキングと会場コーディネートを頼まれました。失敗できない大仕事に内心はドキドキでしたが、「せっかくだから思い切り楽しまなきゃ！」と持ち前のポジティブ精神でパワー全開！仲間もたくさん集まって手伝ってくれ、みんなで作り上げた結婚式でした。私の一生に残るステキな思い出です。

コーディネートのポイントは「色」。まず「百合の花がいい」という新婦の希望から、メーンのお花はカサブランカ（白）に決定。じゃあテーブルクロスは青とベージュにして、アクセントにゴールドのキャンドルやリボンをあしらって…という具合に、「色」重視で会場をコーディネートしました。

ウエルカムボードなどエントランスの飾り付けも、使えるものは何でも使って、遊び心いっぱいに演出。アンティークの革のトランクは、二人の門出をイメージして。

デザートのセレクトも同じ。会場の色使いに合わせて食器を選び、その食器に合うデザートも考えました。もちろん味もバラエティーに富んだものを提案。私の定番「チーズケーキ」も登場しました。我ながらなんですが、会場もデザートも大満足の出来でゲストの皆様からも大好評！ホームパーティーなどでも、「色」から入るときっと成功しますよ。あ～、それにしても、本当に楽しかった！

94

ホーム・パーティー
～サウンド・キッチン～

1998年と2000年、縁あって高知の音楽グループ「サウンド・キッチン」を招いて、我が家でホーム・コンサートを開きました。ポップスやジャズ、懐かしいメロディー…美しい歌声、素敵なサウンドとともに、私の手料理でお客様をもてなしました。

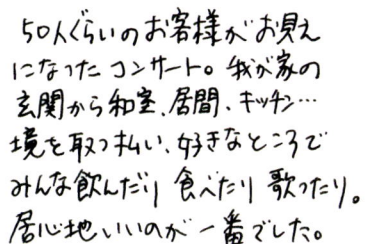

50人くらいのお客様がお見えになったコンサート。我が家の玄関から和室、居間、キッチン…境を取っ払い、好きなところでみんな飲んだり食べたり歌ったり。居心地いいのが一番でした。

INVITATION

お料理は前日から仕込んで準備を整え、コンサートが始まった途端、私はほとんど終わっていました（苦笑！）。思いつくものを何品か作り、この本のレシピがフル出演！お酒は手ごろなワインで。持ち込みもあり、皆さんお好みのものをご自由に。（ちなみに私はお酒はなんでもいけます）

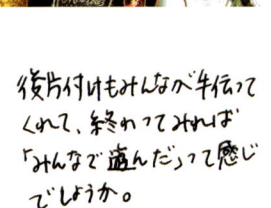

後片付けもみんなが手伝ってくれて、終わってみれば「みんなで遊んだ」って感じでしょうか。

お正月
〜おせちでおもてなし〜

年末からお正月にかけては、おせちの材料を「預かって仕上げる」のが私の役目です。ご近所や親族が材料を持ち込み、大量に作るので、簡単にできて作り置きのきくメニューが定番となりました。伝統のおせちを大切にしながら、ひと工夫して飽きのこない味にするのが私流。似たような味が重ならないよう、甘・辛・酸など味のコントラストをはっきりつけるのが秘けつです。ちょっとした工夫でお客様に「わぁっ」と喜ばれると、年末の疲れも吹き飛びます。

盛り付けにもひと工夫！不意のお客様があっても、たくさんの種類をちょっとずつ盛り付けるとちゃんとした一品になります。ラディッシュやクレソンを添えたり、金箔や松の実を散らしたりすると、目先も変わり、彩り鮮やかに。

オリジナル水引

市販品なら、これがおススメ！
「黒豆のブランデー漬け」
市販の黒豆をいただくなら、黒豆にブランデーをかけ、一晩置いて味をなじませます。黒豆の甘さが控えめになって、風味もグンとアップ！分量は市販の黒豆200gにブランデー大さじ1杯弱。

「ゆり根のサラダ」
ゆり根をゆがいてつぶして、ポテトサラダのように作りました。

初釜のとき、毎年我が家へやってくる母娘を私が着付けています。

**わが家のヒット作品！
いくらでもバクバクいける「ごまめ」**

[材料]
ごまめ・・・・・・・・・・・・・・・・60g
酒・・・・・・・・・・・・・・・・・大さじ3杯
みりん・・・・・・・・・・・・・大さじ3杯
しょうゆ・・・・・・・・・小さじ2杯強
砂糖・・・・・・・・・・・・・大さじ1杯半

[作り方]
1. ごまめを頭や尾が少し色づく程度に炒る。
2. 鍋に酒、みりん、しょうゆ、砂糖を入れて火にかけ、少し煮詰めて1を加える。手早く大きくからめ火から下ろす。

Memo
とにかく手早くするのがコツです。

> 我が家のおせちの定番から若い人に人気のレシピを紹介

結婚以来、毎年作り続けているおせち料理。はじめのうちは重箱に詰めていましたが、最近ではいろんなお皿に盛るようになり、味もメニューもオリジナルが増えました。老夫婦でお住まいの学生時代の恩師には、大きめの皿に私の味を詰めて、毎年お持ちしています。

「牛肉サラダ」

[材料＝4人分]
牛モモ肉（薄切り）・・・・・・・・200g
貝割れダイコン・・・3分の1パック
ニンジン・・・・・・・・・・・・・・・・50g
白ネギ・・・・・・・・・・・・・2分の1本
a 酢・・・・・・・・・・・・・・・・・・50cc
a しょうゆ・・・・・・・・・・・・・40cc
a 砂糖・・・・・・・・・・・・大さじ1杯半
a サラダ油・・・・・・・・・大さじ1杯
a だし汁（かつお）・・・・・・・・40cc

[作り方]
1. フライパンに薄くサラダ油を引き、牛モモ肉の両面をサッと焼く。
2. 貝割れダイコンは根元を切り落とす。ニンジンは長さ4〜5cmの細切りにする。
3. 白ネギは、長さ4〜5cmの千切り（白髪ネギ）にして水にさらす。水気をよく切っておく。
4. a の調味料を合わせて、ドレッシングを作る。
5. 牛肉と野菜を合わせて器に盛り付け、4のドレッシングをかけていただく。

Memo
一味唐辛子やユズの皮の千切りを添えてもよい。

> 赤いろうそくに千両…わかります？
> 実はこれ、クリスマス用に作ったオーナメントなんです。金銀の水引をあしらえば、そのままお正月にも使えます。
> 時間のやりくりから生まれた智恵かな…

おめでたい席のテーブルコーディネート。
お正月にも応用できそうです。
下に敷いているのは、和風の壁紙。

主材料別インデックス

肉料理

- 変わりハンバーグ — 8
- 鶏肉のみそ漬け — 15
- 鶏肉のバルサミコ風味 — 30
- 韓国風サラダ巻き — 32
- 鶏肉と夏野菜のあっさり煮 — 34
- 変わり串焼き — 39
- スパイシースペアリブ — 40
- 豚トロのワサビじょうゆ — 46
- カボチャの肉みそサラダ — 54 ※
- 牛肉のビール煮込み — 61
- 鶏のサワークリーム煮 — 62
- 鶏モモ肉の豆乳煮込み — 63
- 牛すじ肉のコチュジャン風煮込み — 66
- スパイシーチキン — 71

魚料理

- 春巻き — 10
- 豆腐と春菊のエスニック風刺し身 — 14 ※
- エビと野菜の中華風炒め — 16 ※
- 簡単エビチリ — 38
- サンマのサラダ風 — 45
- ブリのエスニックサラダ風 — 64
- 生春巻き — 70
- 貝柱とイクラのレモン添え — 70 ※
- ごちそうグラタン — 73

野菜料理

- グレープフルーツ風味ドレッシングのサラダ — 6
- ほうれん草とベーコンの炒めもの — 6
- 新タマと新ジャガのミルクバター煮 — 6
- サラダ春巻き — 9
- 夏野菜のあげびたし — 11
- エビと野菜の中華風炒め — 12
- ウドとゆり根の春サラダ — 16 ※
- ナスのサラダ — 19
- にんじんピクルス — 28
- お麩とニラの煮物 — 36
- じゃがいもきんぴら — 36 ※
- 里芋団子のあんかけ — 37
- カボチャの肉みそサラダ — 50
- スピードグラタン — 54 ※
- 56

パン・麺類

- チーズトースト — 6
- ピッツァ — 20
- ピッツァソースパスタ — 21
- そうめんパーティー — 26
- みそマヨソースのパスタ — 57
- 中華風あんかけ焼きそば — 69
- カナッペ — 70

98

ご飯物

- まぐろ丼 — 12
- 無国籍かき揚げ丼 — 13
- 和風ハヤシライス — 18
- マヨネーズライス — 22
- イタリア風オムライス — 29
- うなぎのひつまぶし — 44
- 手まり寿司 — 47
- ソースカツ丼 — 48
- サケのちらし寿し — 52
- ビールライス — 60

卵料理

- オムレツ — 7

豆腐・乾物

- 春巻き — 10 ※
- 豆腐のアジアン風 — 12 ※
- 豆腐と春菊のエスニック風刺し身 — 14 ※
- お麩とニラの煮物 — 36 ※
- 高野豆腐の揚げ煮 — 51 ※
- 生春巻き — 70 ※

汁・スープ類

- ブロッコリーの芯のスープ — 37
- ミルク仕立ての田舎汁 — 68

その他

- お助けダレ — 12
- おせち料理 — 96

お菓子・デザート

- クッキーリース — 72
- ビュッシュ・ド・ノエル — 74
- フルーツカクテル — 75
- ブドウのショートケーキ — 78
- まさこ風チーズケーキ — 80
- アップサイドダウンケーキ — 82
- スパイシーりんごケーキ&りんごジャム — 84
- ホワイトチョコレートのシフォンケーキ — 86
- ジンジャー風味のパウンドケーキ — 88
- パンプキンカップケーキ — 89
- マロンシャンティ — 90
- 桃のコンポート — 91
- ホットケーキ — 92

※印は主材料がジャンルをまたがるもの

出版によせて

「国府島さんのこと」

私どもは、夫が日本中を北から南まで十数回にわたり転勤をし、その都度、新しい土地で数多くの人々と親交を重ねてきました。岡山もそのうちの一つですが、国府島さん、そしてご一家の方々との出会いは、過去の経験とは違った、なにものにも代え難いものになっています。

国府島さんを形容する言葉は、"凡人には真似の出来ない感性"ということになるのではないでしょうか。国府島さんのお料理、ケーキ、お花、器…など、すべてに人を感動させるものがあり、作り手の愛情を感じます。

また、国府島さんには、みんなを元気にする"明るさと強いエネルギー"があり、まわりにいつも温かい人がたくさん集まってきます。私たちもおかげさまでいろんな方たちと出会わせてもらい、思い出の1ページを作っていただき感謝しています。

ご本人は少しオーバーと謙遜されるかもしれませんが、現に、私共は、老後は親族や縁者の多い今の大阪を離れ、岡山に暮らそうとしているような気がしてならないのです。

濱田修・和子

＋＋＋

「リビングおかやま」の国府島さんのお料理コーナーを愛読していて、いつものおかずが、調味料の変化や合わせる素材でおしゃれにグレードアップすることにいつも驚かされています。

それは、素材を見る目の確かさとひらめきのある技で、何より毎日を見るに違いないと確信しています。繊細なケーキをマジシャンのように仕上げてしまう方ですが、「私は普通の主婦」という姿勢を崩しません。ポジティブなところも大好き！一ファンより

松香照子

＋＋＋

みなさんは、リビング新聞を開いて優子さんのコーナーを見つけたとき、何が楽しみ？ 大方の人は「今日は何の料理かな？」—そう思ってお読みになると思います。私はちょっと違うんだな。気取らない文章で、さりげなく日常を表現している、"優子さんのレシピについての一言、これが一番の楽しみなんです。特に優子さんの"つれあい"が登場するのが待ち遠しい、というか、"つれあい"の隠れファンかもしれない…。

"つれあい"にケーキをくさされてケーキを何台も焼いたとか、"つれあい"なんだろ？と、私が最初に尋ねたとき、彼女は「頭に紙袋かぶせなきゃ見せられないわ」、なーんて言ったのです。

ところが、いざ会ってみるとかなりシャープでイイ感じ。おまけに山を愛する渋い山男なのでありました。(なーんだ、もったいなくて見せられないって意味だったのか）と、心の中で舌打ちしつつ、私は妙に納得したのでした。

そもそも"料理研究家・国府島優子"を誕生させたのも、この本に至ったおおもとにも、優子さんの"つれあい"に対する深い愛がある。つまり、この本は優子さんのご主人の存在なくして出来上がることはなかったのです。

料理って、やっぱり「愛」なのですよね。みなさんもそうお思いになりませんか？

藤原光子

＋＋＋

国府島さん

いつも、そばにいたわけではないのだけれど、何かのときにもらった一言が、私を立ち止まらせたり、背中を押してもらったり…につながったような気がする。たぶん、向いている方向が、B型特有の"あさっての方"という共通点のせいかもしれない。

けれど、毎朝5時起きのお弁当作りや、立派に育った2人の息子は、主婦の鑑・母の鑑そのものではないですか？

「先生」と呼ばれるのをとても嫌がっていたから、本を出して、世間があなたの才能を高く評価したとしても、「普通の主婦です」で通すのかな。そして、「先生」への要請から逃げて、大好きな"おせっかい"に東奔西走するのでしょう。

国府島さんの集大成ともいえる本「おいしい！」の発行に寄せて、今までの「ありがとう」と「おめでとう」を贈ります。

多田裕子

＋＋＋

何かができる人、何かをやる人だと思いましたので、つきあいをいただきました。とうとうやりましたね、おめでとう。素直に嬉しいです。

主婦の立場から考えた、ゴテゴテせず、簡単で、そのうえキラッと光るアイデアを取り入れた調理法、私もやってみようといつも思います。気取らず、カラッと明るく笑い飛ばす性はバツグンです。

おばちゃんは料理や花や絵など、なんでもできる自慢のおばちゃんです。いつも明るくて面白いので、おばちゃんの周りにはたくさんの友達がいます。そんなおばちゃんの料理は、見た目もきれいでいろ

みなさんは、リビング新聞を開いて優子さんのコーナーを見つけたとき…(※上段と重複のため省略)

す性格、ご近所の友人やご家族とのワイワイ・ミニパーティーもたびたび、またそこに出てくる料理も手早く、うらやましい限りです。

最近、優子さんと立ち話をしたとき、彼女はこの本を出すことで「偉くなろうとか、先生になろうとか、まったくないよ！」と笑っていました。そんな素朴さで、料理に取り組むアイデアウーマン、大好きです。

黒崎土津江

私の幼稚園のころの夢は、叔母と一緒にケーキ屋さんをすることでした。思えばこのころから叔母の作った料理が好きでした。叔母の料理を食べると、不思議と自分も料理がしたくなります。だから、ほとんど料理をしない私でも、叔母が作ってくれた料理の材料と作り方は、いつも聞いてしまいます。

しかし、一人暮らしの私には、持ってもいないし、聞いたこともない本格的な調味料や材料がたくさん使われています。それを叔母は、私の作りやすいようにと、材料を手に入れやすいものにしアレンジしてくれます。その上さらに、私のような料理初心者でも簡単にできる作り方に直して教えてくれるのです。だからこそ後で実際に私にも作ることができるのです。

叔母は、いつもその料理のおいしさで私も作ってみたいという意欲を引き出し、さらにそれを簡単な材料や作り方にして教えてくれることにより、何倍にも膨らませてくれます。叔母の作る料理の中には、隠し味として叔母だからこそ持っているたくさんの素敵なスパイスや膨らまし粉が入っているのです。

平山由佳（姪・大学生）

＋＋＋

私が国府島さんとお会いするのは月に1回、リビング新聞の料理コラム「まさこさん家のクッキングノート」の写真の撮影日。このコラムの担当になって約2年、料理の写真を撮影するのは今でも緊張しますが、それ以上に国府島さんに会えることを楽しみに、ご自宅へ伺っています。

その訳は、国府島さんの明るい声と笑顔で元気になるから。それになんといっても"フルコース"で出してくださる料理に惹かれます。紙面に紹介するもの以外にも、アイデアあふれる品々が登場。デザート2品までいただいた後は、本当に幸せです。

国府島さんは料理のほかにも、創意工夫がキラリ。自分でデザインして作ったエプロンや、さりげない花あしらい、旅先で買った器などを「これ、どう？」とまるで少女のような表情で見せてくださる姿は、女性としてもとてもかわいらしいのです。

私も国府島さんのように、何歳になっても毎日をイキイキと過ごすことができたら…と思っています。

小澤紀子（岡山リビング新聞社 編集部）

＋＋＋

女性が「家に居る」ことがストレスになるような今の時代、それを楽しんだり、おもしろがったりをこなせる彼女はある意味天才です。きっと自分の本を出版するのも彼女らしさの象徴です。そういう無鉄砲で、破天荒、後先を考えないインスピレーションだけを最優先する彼女の生き方が台風の目になり、周りを巻き込んで楽しませ為せばなると勇気を与えてくれるのです。

この本でそんな彼女の日常を覗き見しその街やかな生き方が「普通の私たち」に元気とやる気を起こさせてくれることを願っています。

そして、刊行され積み上げられた本の山が、「どうにかせねば」と彼女自身の今後の「生きる元気の鞭」になることを期待しています。

神野智子

＋＋＋

そんな大それたことを思いつけるのも彼女を考えるそんな彼女のただのおばさんが「自分の本を出版するなかに湧いてくる興味の芽には寛容だからでしょう。素人のただのおばさんが「自分の本を出版する」

お鍋をもって 駆け込んでくる笑顔は
時がたっても 引っ越しをしても 変わらない。
おめでたい ものの捉え方や
ひどいそそっかしさも 変わらない。
何をするときも おもしろがりながらやるわ
と言った。
苦労も あったと思うが 見えてこない。
あんたは 偉い。
私の自慢の友達です。

椎原ふじ子

＋＋＋

もてなし上手のマサコさんへ
優子さんの本が出版されるのを心待ちにしていました！
センス、アイデア、人柄もすばらしく、気軽にコンタクトをとれる間柄です。きっとこの本は私の重宝レシピとして活躍してくれるでしょう。私用に、これからも、もっとカンタンおいしいレシピを、お願い！

服部恭子

＋＋＋

「どうしよう！明日撮影なのよー」。何か使えるもの持ってない？」この本が出来上がるまでの、国府島さんの口癖でした。いつも前日になって騒ぎ出すのです。それでも本は完成しました。

彼女の食に対する意欲と好奇心は相当なもので、お気に入りのお店のメニューは全て食べつくすまで通いますし、一緒に旅行しても食べることとなるといきなりいつもの何倍も元気になるのです。

彼女を見ていて感心することは、面倒に思うことを終えた時の一言「あー、楽しかった」です。「人生一度きり…楽しまなきゃ損」の勢いでこの本ができたように思います。

そして普段の彼女は、いつもパワフルで時々おっちょこちょい、世話好きで、本能のまま行動するタイプです。そんな彼女に振り回されながらも、私たちは、それを楽しんでいるのかもしれません。

高尾令子、本郷和美

＋＋＋

私が将来はおばちゃんのような、なんでもできるかっこいい主婦になりたいです。おばちゃんは私の理想の女性です。

国府島由紀（姪・中3）

＋＋＋

情にももろく、思いやりがある…かと思うと、そうでもなかったり、思えばこのころから叔母の作ったり…みたいな、なんだかよくわからない性格で、とてもユニーク（もしかしたら超単純？）な思考回路を持っている。最近は、その複雑（もしかしたら超単純？）な思考回路が手にとるように理解できる自分が時々わくなる。

そして、時を経た今、私にとって彼女は姉・母・小姑の3役を立派にこなす存在となっている。

吉田恭子

＋＋＋

んな工夫をしていて、見るだけでも楽しめます。味はもちろん絶品です。

＋＋＋

友人宅で彼女を紹介されてから20年近くなる。初めて会った時から、どこか変わった人だと思った。それまで私が知り合った友人の中には決していない、めずらしいタイプ。人懐こくて、明るくて、大ざっぱで

あとがき…に代えて

「フツーの主婦が、この本を出すことになった顛末」

私は、ごくごく普通の主婦です。

この本の出版にあたって、一言申し上げるなら、私は決して料理の先生ではありません。楽しいことや興味を持ったことしか頑張れない、今日では流行らない専業主婦です。お金をかけないで心の豊かさを大切に、創意と工夫で暮らしを楽しむことをモットーに毎日過ごしています。

さて、そんな私が、幸運にも、日々の生活の中での発見を、新聞に連載できる機会に恵まれました。岡山リビング新聞社が発行している生活情報紙「リビングおかやま」に、毎月1回私のレシピを紹介することになったのです。平成5年4月のことでした。

当初、連載は1年の予定でしたが、これが現在も続行中！ かれこれ十数年も続くとは、夢にも思いませんでした。毎回、撮影のたびに一期一会のつもりで月日を重ねていくうち、新聞社の担当編集者もすでに6人を数えることとなりました。

代々の担当者は皆それぞれに個性的で素敵な面々。一人ひとりの「おいしい！」という言葉に元気をもらって連載を続けてきたのですが、それがレシピ集の出版なんて大それたことにつながったのですから、これも、私特有の勘違いの賜物かもしれません。

本を出そうという直接のきっかけは、今思えば、本当に笑い話です。

ある日、一緒に出かけていた友人に「ちょっと寄り道してもいい？」と言われ、連れて行か

102

れたのが、とある占いの先生のところでした。

「何事も自分のことは自分で決めて」と思って生きてきた私は、正直言って腰が引けていたのですが、その占いの先生に「あなたはこれからの人生において、自分の好きなことにどんどん挑戦してもいい」と言われ、すごく褒めてもらえたのです。

とっても単純、そして正直だけが取り柄の私は、その一言で心がすっかり軽くなり、50年生きてきて人からこんなに褒められたことはない、「人生、機嫌よく生きましょ!」と、背中をトンと押してもらったような、晴れ晴れとした気持ちになって帰宅しました。

そこに、タイミングよく現れたのが、元リビング新聞記者で現在はフリーライターの鈴木富美子さん。その場で鈴木さんと本を出版するということで話が進み、その後はあっという間の進展。吉備人出版の山川隆之社長が、大きな花束をかかえて我が家を訪ねて来られたことは忘れられません。もう花束だけで感動してしまいました。

それから1年。出版に向けてのお料理の撮影、編集作業も瞬く間に終わってしまいました。お料理もお茶もお花もすべて我流、正式に何一つ習ったこともない私に、数々の遊びの場を与えてくれたり、いろんな面で支えてくれたりした周囲のみんなに、今はありがとうの気持ちでいっぱいです。

最後に、リビング紙に連載するきっかけを与えてくれた元リビング新聞記者の中島さとこさん、この本の編集に携わってくれた編集者の金澤里美さん、渡邉尚己さん、そして、私のお尻をたたき続けてくれた鈴木さんに、感謝の気持ちを添えて、この本を皆さんのお目にかけようと思います。

2005年10月

国府島優子

料理&コーディネート
国府島 優子(こうじま・まさこ)

岡山市原尾島在住の主婦、料理愛好家。
家族は夫と長男(名古屋在住)、
次男、コーギーとダックスの雑種犬ヤンちゃん。
お菓子づくり好きが高じて、
自分流のさまざまな料理やデザートを考案。
平成5年から岡山リビング新聞社発行の
生活情報紙「リビングおかやま」に
オリジナルの料理レシピを毎月1回掲載し、
現在も好評連載中。
フツーの主婦の知恵を盛り込んだ、
誰にでも手軽に作れておいしいレシピが人気を集めている。
料理のほかにもテーブル・コーディネートや
毎日の生活を彩る種々のアレンジメントまで手がける。
花や緑、器などのあしらいにも
参考にしたいアイデアがいっぱい。
暮らしを楽しむ達人。

おいしい！まさこさんのおしゃべりなキッチン

初版発行 二〇〇五年十月十五日

著者 国府島優子

カバーデザイン
ページレイアウト アッパービレッジ有限会社

撮影・表紙写真 林田悟
(以下のページを除く…P9、P12のタレ、P22、P24、P31の酢、P32、P38、P41、P42、P58、P68、P88、P92、P94〜97)

編集 鈴木富美子、金澤里美、渡邉尚己

発行者 山川隆之

発行 吉備人出版
〒700-0823
岡山市丸の内2丁目11-22
電話 086-235-3456
ファックス 086-234-3210
URL. http://www.kibito.co.jp
Email. books@kibito.co.jp

印刷所 株式会社三門印刷所
岡山市高屋116-7

製本所 日宝綜合製本株式会社

ISBN4-86069-112-1 C5077 ¥1500E